书山有路勤为泾，优质资源伴你行

注册世纪波学院会员，享精品图书增值服务

[德] 马里奥·诺伊曼 著
（Mario Neumann）

方怡青 译

项目罗盘
在项目中建立自信的领导力

Projekt-Kompass
Navigationshilfen für souveräne Führung im Projekt

电子工业出版社·
Publishing House of Electronics Industry
北京·BEIJING

版权贸易合同登记号　图字：01-2021-2022

图书在版编目（CIP）数据

项目罗盘：在项目中建立自信的领导力 /（德）马里奥·诺伊曼（Mario Neumann）著；方怡青译. —北京：电子工业出版社，2021.9

（项目管理核心资源库）

ISBN 978-7-121-36021-3

Ⅰ. ①项… Ⅱ. ①马… ②方… Ⅲ. ①企业领导－项目管理 Ⅳ. ①F272.91②F224.5

中国版本图书馆 CIP 数据核字（2021）第 190919 号

责任编辑：卢小雷

印　　刷：天津千鹤文化传播有限公司

装　　订：天津千鹤文化传播有限公司

出版发行：电子工业出版社

　　　　　北京市海淀区万寿路 173 信箱　　邮编 100036

开　　本：720×1000　　1/16　　印张：14　　字数：201 千字

版　　次：2021 年 9 月第 1 版

印　　次：2021 年 9 月第 1 次印刷

定　　价：68.00 元

凡所购买电子工业出版社图书有缺损问题，请向购买书店调换。若书店售缺，请与本社发行部联系，联系及邮购电话：（010）88254888，88258888。

质量投诉请发邮件至 zlts@phei.com.cn，盗版侵权举报请发邮件至 dbqq@phei.com.cn。

本书咨询联系方式：（010）88254199，sjb@phei.com.cn。

前 言

假如所有的项目都一样，总是按照相同的程序进行，项目经理的生活会是怎样的呢？或许他只需要遵循一个标准，就能顺利地开展每个项目。然而，现实是另一番景象：项目的世界是五花八门、变化多端的。其范畴包含了软件和 IT 项目、研发项目、过程改进、结构重组、电影制作、大型建设工程等。项目经理每次都要适应不同的情境，并与不同的人打交道。

因此，有些项目会成为真正的考验，也就不足为奇了。这些项目的目标宏大到几乎无法实现。项目团队由单打独斗的"战士"组成，却必须共同取得最佳成就。他们要与各种阻力抗争，例如，错过期限，合作方或分包商未履行约定，客户忽略了合作义务等。项目经理会意识到，标准不再对他有帮助。他总是陷入一些情境之中，并需要罗盘为自己指明方向。

本书正是因此应运而生的。从项目经理的八种重要角色出发，本书描述了项目经理迟早会面对的困难情境。针对每种情境，你将找到相应的行动提示（犹如罗盘般为你指路）。此外，你还将获得行之有效的生存技巧，即使身处险要的"地势"也能找到前进的道路。

作为项目经理，你了解最重要的项目管理方法，甚至可能已通过某些专业的认证。然而，总会出现一些包含很多问题的情境，对于这些问题，你无法单凭方法论来解决。你也许察觉到问题的深层原因所在，即在复杂的企业环境中，应发挥领导作用，证实冲突强度，并塑造团队合作精神——

这些都是方法论工具无法应对的挑战。

尽管方法论知识对于明确任务、制订计划以及按计划控制项目来说非常重要和必要，项目经理仍应具备掌握以下八种角色的才能。

- **项目经理作为临时领导者。**作为项目经理，你是团队之首。这使你在事实上成为同事们的上级，但你没有官方正式授权的指导职能。因此，从一开始就扮演领导者的角色就显得尤为重要，因为没有可靠的领导者，项目团队将很难成功地工作。

- **项目经理作为团队经理。**每位项目经理都希望拥有一支可以与之同甘共苦的强大团队。在扮演团队经理的角色时，你面临着一项任务：将一系列的独斗"战士"组成一支积极进取的团队，使员工都齐心协力并能够良好地协作。这要求你能正确地解读团队的动力，并有针对性地指导团队。

- **项目经理作为沟通者。**项目经理无权向其团队发布指令，只能高度依赖自身的沟通技巧。因此，为了成功推进项目，你必须扮演沟通者的角色。例如，开展专业对话，从中快速了解事情的真相，赢得对话伙伴的支持，从而实现自己的想法。这是一项很高的要求！

- **项目经理作为冲突解决者。**冲突是项目日常工作中的一部分。项目经理有时会与不满意的供应商发生争吵，还有时会与性格固执的员工发生摩擦。若冲突无法解决，团队会感到沮丧，并会危及项目的成功。冲突持续的时间越久，解决冲突要花费的时间、精力和财力就越多。因此，作为项目经理，你必须扮演冲突解决者的角色，并能够尽早地识别和解决冲突。

- **项目经理作为战略家。**项目有时因决策延误、信息流中断或其他战术手段的干扰而陷入停滞。这时，常常会出现"政治"这一概念：作为项目经理，你需要拥有战术嗅觉和战略技巧，从而使局势回到正轨。也就是说，你必须扮演战略家的角色！

- **项目经理作为变更经理。**项目得到周密的计划，技术上似乎可行，成本可接受，并且进度表符合实际。然而，倘若受项目影响的人员不参与其中，这些都无济于事。许多项目经理都低估了可能严重危及项目成功的阻碍。在扮演变更经理的角色时，你的任务是跟进变更流程，并赢得受项目影响人员的支持。为此，你需要采取适当的方法。

- **项目经理作为谈判者。**无论面对的是委托方、供应商还是客户，作为项目经理，你几乎每天都要进行谈判。你在谈判中表现得越专业，为项目带来的成就越多。即便非常有经验的项目经理，也能在此过程中得到更多的收获。在扮演谈判者的角色时，你应与各利益相关方达成协议，以同时保护项目效益。这需要良好的准备和必要的谈判技巧。

- **项目经理作为危机经理。**在项目误入歧途时，每位项目经理都应该保持镇静。有时，一些项目灾难往往让项目经理完全措手不及，使其陷入非常困难的阶段。这时，他必须扮演危机经理的角色。重要的是，他要保持头脑冷静，并采用正确的方法将项目引回正确的轨道。恐慌是不合时宜的——通常情况下，任何项目灾难都能够被战胜。

在上述角色的背后，或多或少地隐藏着诸多需要项目经理参与的典型情境。为了能够自信地领导项目，使项目存续下来，你需要对这些情境进行专业的处理。但针对这种"软"技能的主题，在高级培训中经常被忽视（培训的焦点通常都放在专业技能和方法论上）。因此，许多项目经理没有为他们在项目中的各种角色做好充分的准备。许多公司表示："新人们会自学的。"这忽略了以下事实：在项目中几乎没有边做边学的时间。没有一定的领导经验，最初的"职业项目经理之梦"很容易成为噩梦。

本书是针对困难的项目情境的罗盘。本书的主要受众是那些已初步积攒项目管理经验的项目经理。当你翻看本书时，你会不断地脱口而出："是的，这个我也知道啊！"这正是情境项目管理的理念所在：探究那些在项目日常工作中让你和诸多其他项目经理绞尽脑汁的典型情境。本书提供的案例和生存技巧将帮助你明智地处理困难情境，使你的项目顺利进行。

目　录

第1章　一切听我指挥 1

　1.1　跳入冷水中 3

　1.2　委派的艺术 7

　1.3　激励我吧 10

　1.4　反向委派的风险 14

　1.5　船上的叛乱 17

　1.6　真实的个性备受欢迎 21

　1.7　五种危险的驱动因素 24

第2章　在通往梦之队的路上 29

　2.1　充满希望的起点 32

　2.2　在项目中启动涡轮增压 35

　2.3　所有人齐心协力 40

　2.4　关键在于组合 43

　2.5　对抗和权力斗争 47

　2.6　做出重要的决策 51

　2.7　以最小的力量前进 54

第 3 章　开展对话 **58**

3.1　正确地争论 60

3.2　达成我的心愿 64

3.3　深入虎穴 67

3.4　正确地进行对抗 71

3.5　及时设定边界 74

3.6　在项目的日常工作中信守诺言 78

3.7　虚拟团队中的沟通 81

第 4 章　争吵是万事之源 **85**

4.1　危险的和谐 87

4.2　将冲突升级而不是屈服 90

4.3　剖析冲突 94

4.4　一切都从无害开始 97

4.5　激发而非调解 101

4.6　不惧怕经理人 104

4.7　突然成为替罪羊 107

第 5 章　在险境中坚守航线 **111**

5.1　是不可能完成的任务，还是向着死亡行军 113

5.2　在沙子上建房子 116

5.3　职能部门的支持 120

5.4　愿权力伴随你 123

5.5　朋友还是敌人 127

5.6　项目中的破坏者 130

5.7　项目中的微观政治 134

第 6 章　认真对待恐惧 **138**

6.1　敏锐地管理 140

6.2　成功的秘诀 144

6.3　不断的跌宕起伏 147

6.4　开辟新的道路 150

6.5　焦虑助长抗拒 154

6.6　逻辑层级 157

6.7　封面故事的魔力 160

第 7 章　谈判，请给我我想要的 **165**

7.1　团结造就顽强 167

7.2　索赔经理时间 170

7.3　根据 AVÜV 原则进行谈判 174

7.4　策略规划师 177

7.5　最好的王牌 180

7.6　典型谈判技巧 183

7.7　"以牙还牙"策略 187

第 8 章　休斯敦，我们遇到了麻烦 **191**

8.1　正确解读预警信号 193

8.2　在风暴眼中 196

8.3　正视危机 200

8.4　沙漠、地狱或北极 203

8.5　走出情绪低谷 206

8.6　让一切回到起点 209

8.7　死马的故事 213

第1章

一切听我指挥
——项目经理作为临时领导者

作为项目经理，你是团队之首。这使你在事实上成为同事们的上级，但不具备官方的领导职能。因此，从一开始，扮演领导者的角色就显得尤为重要，因为没有可靠的领导者，项目团队将很难成功地工作。

不难看出，许多项目经理都缺乏领导才能。事实上，领导力在项目管理中的重要性被大大低估了。似乎很少有公司意识到，项目成功的四分之三取决于项目经理的领导才能，而只有四分之一取决于他的方法论和技能。否则如何才能解释，为什么在进一步培养项目经理的过程中，通常只讲授方法，而几乎不提及领导力的话题？

一旦项目超出部门界限，就会考验项目经理的领导才能。与职能经理不同的是，项目经理领导的不是一支训练有素的团队，而是一支临时被聚集在一起的混合团队，员工们刚刚相互认识，他们来自不同的专业领域，并且可能在层级结构上有较大差异。更重要的是，项目经理必须与他的员工一同开辟新天地，因此要考虑意料之外的情况，而职能经理可依靠完善的流程和程序。

最重要的是，不同于职能经理，项目经理没有纪律处分权。因此，许多项目经理都觉得自己像一只没有牙的老虎一样。没错，组织跨部门合作而无权发布指令，比简单地分配任务和通过指令执行决策，有着高得多的要求。

一群被聚集到一起的人、具有挑战性的目标、来自外界的巨大压力及纪律处分权的缺失，这种压力重重的组合给项目经理的领导艺术带来了巨大挑战。如何继续适当地扮演临时经理的角色，以及如何自信地处理困难的领导情境，是本章的主题。

跳入冷水中。不仅政治人物和公司领导者要在刚上任的 100 天内接受考量，新任命的项目经理最初也要接受委托方和新员工的密切观察。此时的重点是定位自己的领导者角色。员工想获得胜利并充满热情。对于项目经理来说，这意味着他必须有一个计划，同时也要有责任心和热情，并且在初次露面时就具有说服力。第 1.1 节将具体阐述如何实现这一点。

委派的艺术。许多项目经理发觉很难移交任务或职责。一些人认为自己能更好地完成，另一些人则担心员工可能犯错误——对委派持保留意见的原因是多种多样的。但是，如果你作为项目经理避开了委派，你可能很快将承受巨大的压力，遭遇令人无法忍受的情况！不懂得委派任务的人，最终只能自己完成所有的事情。第 1.2 节将具体说明其中的原因。

激励我吧。每位项目经理都知道，项目的成功在很大程度上取决于员工们的付出。为实现项目目标，项目经理需要一支敬业的、训练有素的团队，并朝着正确的方向前进。但由于员工们的动机千差万别，只能分别进行激励。当项目经理只关注自身动机，而不设身处地地考虑各个员工的需求时，常常会引起冲突和抗拒。第 1.3 节将说明，如何将任务分配给团队中的合适人员，并激发员工的工作积极性。

反向委派的风险。当谈及逃避工作时，员工可能颇具创造性。他们用丰富的言语解释无法完成任务或无法遵守时限的原因。在项目经理反应过来之前，任务已再次回归他的办公桌，这叫作"反向委派"，许多人也将其称为"猴子生意"。项目经理执行本属于其他员工的任务，这是致命的风险，因为他很快将没有时间完成自己的任务。在第 1.4 节中，你将学习如何避免任务的反向委派。

船上的叛乱。项目经理经常在组建团队时就已预料到："在这里，我必须考虑部分员工的干扰行为。"不同的利益在团队中相互碰撞，而不是团结在一起。本应由领导层处理的冲突被引入项目。在这种情况下，项目如何才能取得成功？在第 1.5 节中，你将学习如何应对团队中的反对者。

真实的个性备受欢迎。每位项目经理都有自己的风格、性情和强项。这可能成为他的优势，但也可能为其招致灾难。如果项目经理过于片面地展现自己的性情或强项，那么他可能危害项目的成功。在第 1.6 节中，你将了解自己的性情如何决定成败，认识自己的动机，并正确评估自己的优缺点。

五种危险的驱动因素。像其他人一样，项目经理也会受到某些驱动因素的引导。在某种程度上，这些观点可能有所帮助。但如果它们过于突出，在困难的项目情境中就会带来巨大的压力，并最终危及项目的成功。第 1.7 节介绍了五种可能造成项目陷阱的内在驱动因素。

1.1　跳入冷水中

——从一开始就明确领导主张

无论是在竞技体育、新兴企业还是在项目中，成功都需要领导者。同伴们希望赢得胜利并充满热情。对于项目经理来说，这意味着他必须有一个计划，同时也要有责任心和热情，并且在初次露面时就具有说服力。

现在是上午 8 点。蒂姆在会议室里焦急地等待着新项目的同伴们。时间一分一秒地过去，参会者姗姗来迟，当第一次项目会议的所有成员都到齐时，蒂姆感觉像过了一个世纪。蒂姆感到不能理解。他生气地把最晚到的那个人带到了团队面前，对他说："我是这里的责任人，我不会容忍这样的拖沓行为。"

因为他当时正准备讲话，所以就直接从训诫转入了就职演说。他很高兴，现在作为项目经理负责这个项目。秉承"新扫帚扫得好"的格言，他宣布，自己领导下的项目将与公司早期的一些项目有所不同。"所以，现在让我们开工吧！"他以此结束了演讲。

许多项目经理低估了第一印象的重要性。团队在非常短的时间内就对项目经理形成了一种印象，这可能在接下来的几周或几个月内产生深刻的影响。蒂姆在第一次会议后的几天内渐渐明白，自己没有开好头。他的果敢举动并没有打动自己的员工，反而引起了他们的反感。

在首次亮相时，项目经理会受到密切关注。员工是否接受他的领导者角色，并视其为自己的同伴，此刻便能见分晓。

首次亮相赢得员工青睐

第一印象是否成功，主要取决于你作为新任命的项目经理进行的就职演说。此机会通常出现在开工大会的一开始。如果员工来自不同部门，他们会对"新人"感到好奇，希望他进行自我介绍。

演讲应表明，你重视自己的立场，更重要的是，你会认真对待新组建的项目团队。还应该明确的是，你已经做好充分准备，并且有话可说。就职演说完全可以看作是一种销售演示，你在其中可以成功地向员工"推销"自己，并从一开始就明确表达自己的领导要求。

传达良好的感觉

请尝试用你的语言营造一种"良好的感觉"——为与员工建立信任和增进好感奠定基础。这有助于从员工的角度出发，并考虑哪些问题能打动他们（见图 1-1）。

图 1-1　能打动员工的问题

员工们此时无法预估在项目中将会发生的事情。因此，他们将热切地倾听这些陈述。他们想了解新项目经理的思维和行为方式，以及他将如何领导该项目。

因此，在就职演说中，你既要介绍自己的职业发展历程，又要说明自己的领导才能。还有一件事，表明你对完成任务充满期待！

◾ 开场白很重要

最初的几句话就能说明很多问题。比起"亲爱的同事们"或"尊敬的女士们、先生们"，"大家好"能带给人们全然不同的感受。如果选对方式，你只需几句话就能赢得员工的青睐，甚至可以激励他们。

唯一的问题是，你该怎么做呢？你们相互之间仍然陌生。实践表明，应展现共同点。人与人之间的相似之处能减少最初的距离，并建立好感。即便只有非常少的共同点，你也创造了一个良好的起点。这并不难，你总能在技术层面找到一些关联。当然，技术之外的共同点会更具魅力。

年轻的项目经理常常在就职演说时感到不踏实，并试图用自信掩饰内心的不安全感。这是为什么呢？谈论自己的感受会使你变得人性化和受人喜爱。你可以在就职演说中透露一些自己的感受，例如，你感到仍需适应自己的新职位。

■ 展示自己最好的一面

正如之前所说的，你可以在首次亮相时吸引员工们的注意。这正是展示自己最好一面的时机。这时，最重要的是，让员工们相信你就是项目经理的最佳人选。

为此，你既不需要展示完整的履历表，也不应掩盖自己的光芒。突出显示你职业生涯中的几个阶段或一些专业知识就足够了，这也便于弄清自己能为项目的成功做出哪些贡献。切记要把握分寸，因为员工对自我赞美比较敏感。

生存技巧

◆ 用一次成功的演讲开启你的项目！以此表明你对自己的角色，尤其对员工的重视，以及你的准备是充分的。

◆ 认真地准备就职演说。你可能在五分钟内赢得员工的心，也可能因言语不当而惹火上身。

◆ 最初的几句话就像你对员工发出的信号。请注意自己的肢体语言，并从容不迫地走到人们面前。

◆ 在一开始要经常拜访员工。这不仅给员工留下了良好的印象，而且还体现了你的存在感。

◆ 尝试感受新项目中的气氛。弄清员工是在积极地工作，还是仅仅被动地参与。

◆ 在最初的几天，多花点时间与员工进行简短的闲谈。这是你表达个人兴趣和增进相互了解的方式。

1.2　委派的艺术

　　——不委派，最终你将独自做一切

　　工作包已被明确定义，项目运行却不顺利，即员工未按时交付成果，或者交付的成果有缺陷。造成这种情况的原因可能各有不同，但在许多情况下，项目经理会因不专业的委派而拖累了自己的工作。

　　安妮特在一家软件公司中负责一个大型开发项目。辅导她的项目教练在短短几天后就发现了一个有趣的现象：每当安妮特将工作包委派给员工时，她的口气听起来就像在求别人帮忙。当被问及这个问题时，安妮特辩称，她无权向员工发出指令，"我只是一个同事而已"。

　　许多项目经理都和安妮特一样，不敢明确而有约束力地委派任务。相反，他们请求自己的同事"帮个忙"，结果却遗漏了重要的任务。当项目经理向同事求助时，同事通常都会答应。（为什么不呢？）但是，如果接受任务的同事没能按时完成任务，他们通常也不会觉得过意不去。只是帮个忙而已嘛！他可能在短时间内感到内疚，但实际上，他仅以一句"对不起"就可以推脱自己的责任。

　　🧭　　任何秉承"帮忙文化"的项目经理都会很快感受到巨大的压力。他负责该项目，却不知道任务包能否被可靠地完成。因此，执行专业的委派工作至关重要。

▪ 委派——态度问题

　　委派首先是一个态度和自我认知的问题，项目经理需要摆脱担忧和恐惧，并要有委派的意愿。此外，项目经理还要具备委派的权限和能力。

"意愿"通常是项目经理的事。对项目日常工作的观察表明，阻碍委派的关键人员常常是项目经理自己。他们坚信，自己能够更好地执行任务，担心员工犯错，或者害怕失去对项目的控制权。（在此，仅列举几种原因。）

◾ 什么赋予我委派任务的权力

相反，"权限"则是企业项目文化中的话题之一。应赋予项目经理足够多的可合法行使的权力，以便让全体员工知晓：项目经理有权分发工作包和委派任务。如果没有委派的权力，那么你必须在必要时主动争取所需的权力，并让管理层赋予你相关的职权（见图 1-2）。

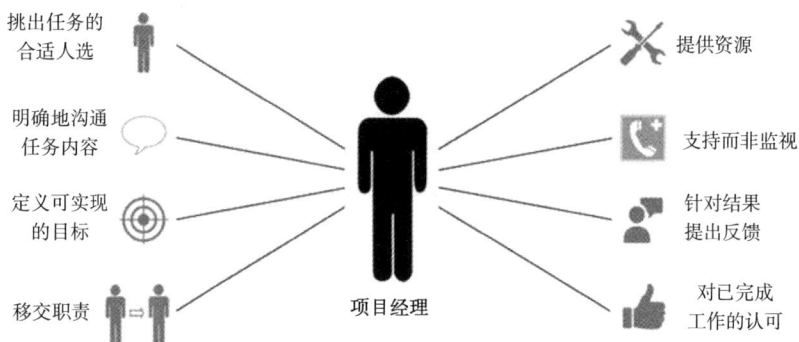

挑出任务的
合适人选

明确地沟通
任务内容

定义可实现
的目标

移交职责

项目经理

提供资源

支持而非监视

针对结果
提出反馈

对已完成
工作的认可

图 1-2　委派任务的权力

◾ 明确委派任务的艺术

委派的成功与否不仅依靠意愿和权限，还取决于能力，即正确处理事情的能力。沟通和良好的交谈氛围在其中起着重要的作用。请你尝试找到一种随意的方式来开启对话，并特别注意以下几点。

- **任务的意义和目的**。许多人认为，没有必要告知员工为什么应完成某项任务。然而，理解任务的意义和目的，能够大幅降低完成任务的难度。请向你的员工展示任务的整体背景。
- **任务的明确表述**。委派的成功取决于员工对任务的理解。请尽可能明确地表达任务内容，并通过反问来确保员工已正确理解你的意思。
请记住，你很清楚的事情，其他人并不一定知道。

- **目标的明确表述**。任务描述通常不包含具体的目标表述。除了任务，
  明确地表述目标对成功也至关重要。遗憾的是，这在实践中并不像
  听起来那样不言而喻。但是，如果了解目标，就能更轻松地实现它。
- **获得同意**。你不仅要定义任务和目标，而且也要征得员工的同意。
  请确认员工是否真的已做好完成工作包的准备。
- **澄清工序**。请你与员工澄清工序，即使他对此承担责任。这样做的
  意义有两点：一是分辨员工是否知道实现目标的途径；二是了解员
  工的基本思路与你的设想是否有偏差。
- **达成约定**。在交谈的最后，请说明你同意的观点。最好立即获得下
  一次谈话的允诺。

通常，项目经理承受着很大的压力，很难明确地委派任务。他们根本
没时间考虑应该给谁委派什么任务。因此，建议你尽早考虑此计划，并及
时地捆绑工作包。

生存技巧

- ◆ 请明确，作为项目经理，你承担着管理者的角色，其中也包括具有
  约束力的任务委派。
- ◆ 请认真准备重要工作任务的委派。请明确地表述任务和目标，并选
  择合适的员工。
- ◆ 请不要忘记，员工只能执行你说的，而不是你想的！
- ◆ 在委派的同时，将执行某任务或工作所必需的决策权和指导权移交
  给相应的员工。
- ◆ 请记住，委派不仅指的是发出工作指令，而且也始终意味着放弃一
  部分的控制权。
- ◆ 当员工遇到困难时，你要进行言传身教，并不断地支持他。

1.3　激励我吧

——促进同事协作

每位项目经理都知道，项目的成功在很大程度上取决于员工的付出。为实现项目目标，项目经理需要一个敬业且训练有素的团队，能够朝着正确的方向前进。但是，如果有些员工不肯配合，或者更糟糕地，一些员工产生了抵触情绪，那么应该怎么办呢？

一家大型的汽车制造商任命克莱门斯接手一个已落后于进度的开发项目。克莱门斯以出色的组织能力而闻名。那么，他就是使该项目回到正轨的合适人选吗？

克莱门斯是一个具有高度结构化思考能力和行为方式的人（以秩序动机驱动）。这一次，他碰到了一个有创新能力但缺乏秩序和组织的项目团队。他认为情况非常混乱，对此，他尝试使用一些策略：提供计划和清单，确保组织结构的清晰性和稳定性。但员工忽略了新的组织结构，拒绝合作。克莱门斯认为这是蓄意破坏，于是试图通过处罚来控制局势。然而，这样做只会引起团队的抵触情绪。

克莱门斯的判断是错误的：员工的抵触情绪并非意味着破坏或恶意。克莱门斯根本无法适应自己的团队，无法激励员工参与该项目。为了确保项目进度并维护组织结构，他冒犯了具有创造力的员工。

此案例表明，项目经理能够有效激励员工是非常重要的。否则，他将缺少积极参与、尽心尽力的同事——这些都是项目经理获得项目成功所迫切需要的。

在首次亮相时，项目经理会受到员工的密切关注。员工是否接受项目经理的领导者角色，并视其为自己的同伴，此刻便能见分晓。

项目经理应确保项目工作与每名员工的动机保持一致。因为在对项目工作的投入程度方面，个人态度是至关重要的。

16 种生活动机决定我们的行为

要使员工有上进心，非常关键的一点是，正确地分配项目任务，把适合的任务交给适合的员工。但是，你如何才能确定，哪些员工会积极地参与哪些任务，或者，哪些任务不适合哪些员工呢？毕竟，你不了解员工心里的想法。

从某种程度上来说，你可借助美国心理学家史蒂文·赖斯的模型来了解员工的想法。史蒂文·赖斯发现，有 16 种不同的生活动机可以驱动一个人（见表 1-1），包括权力、独立性、好奇心、认可、秩序、节约/收集、荣誉、理想主义、人际关系、家庭、地位、复仇/斗争、情欲、饮食、身体活动、情绪平静。这些生活动机深深地植根于一个人的性格之中，决定了他的愿望、价值观和态度，因而也影响了他的世界观和行为方式。

我们已经预感到，有一个核心问题困扰着项目经理克莱门斯：他的行为在很大程度上以"秩序动机"为驱动，而具有创造力的员工仅有极低的"秩序动机"。由于克莱门斯不了解这些心理背景，因此坚持遵循自己的管理结构和规则，从而激起了员工的抵触情绪。

回到项目经理的工作上，上述情况表明：项目经理应注意每个员工的生活动机！在与他们打交道及分配项目任务时，应考虑以不同的生活动机来驱动相应的员工。例如，在选择决策力强的子项目经理时，你应该选择以"权力动机"驱动的员工。

破解项目日常工作中的生活动机

史蒂文·赖斯的生活动机模型解释了为什么一个人对一项任务的积极性很高，而另一个人对同样的任务十分不满。有些人无法想象自己在疗养院当护工，而另一些人视其为梦寐以求的工作。显而易见的是，为了能以动机为导向进行有效的领导，你必须了解每个员工的动机。

表 1-1　16 种不同的生活动机

弱 表 现	生活动机	强 表 现
被领导、不负责	权力	有影响力、获得成功、有成就感、有领导权、有责任心
团队导向、集体观念、团结	独立性	自由、自治、自我决定
实践、执行、应用、行动	好奇心	知识、真相、钻研
自信、批判能力	认可	对批评敏感、渴望归属感/被接纳
灵活性、自发性、对偏差持开放和包容的心态	秩序	结构化、清晰度、秩序、流程、有组织
慷慨、丢弃、无收集兴趣	节约/收集	物料累积、收集、归档
以目标和目的为导向、灵活性	荣誉	遵守原则、忠诚、传统、遵守规则
现实主义、社会责任	理想主义	公平、社会正义、利他主义
退隐、严肃、内向	人际关系	友谊、社交、外向、亲和力
伙伴式交往、不依赖孩子	家庭	家庭生活、关怀、养育自己的孩子
谦虚、节俭、平等	地位	威望、财富、头衔、形象、公众声望
和谐、合作、避免冲突、平衡	复仇/斗争	竞争、侵略、斗争、报复
禁欲、克制	情欲	欲望、激情、美貌、美学
充饥	饮食	食物及菜肴的享用和/或数量
休息	身体活动	运动、健身
承受压力、乐于冒险	情绪平静	放松、情绪稳定、避免压力

当然，每个人的生活动机并没有写在备忘录上。但是你可以通过观察员工和提出特定的问题，来部分地探寻员工的生活动机。例如，可以通过问"你的上个假期是如何度过的"这样的问题，来获得有关好奇心、情绪平静和人际关系的生活动机线索。还可以通过问"与同事沟通对你来说有多重要"这样的问题，来获得有关人际关系和独立性的生活动机线索。

此外，观察员工对你的工作也十分有帮助。你可以对某名员工的以下行为进行观察，并从其行为推测出影响他的生活动机。

- 他以何种方式、就哪些主题与项目经理和同事进行交谈？
- 他首选的工作是什么？
- 他如何精确地计划自己的工作？
- 他喜欢快速地做决定，还是先寻求他人的意见并仔细权衡？
- 他乐意并能迅速适应新的工作领域，还是希望安于现状？

■ 以动机为导向的领导艺术

针对 16 种生活动机及其不同的表现形式（见表 1-1），有一些具体的方法能帮助你以动机为导向来领导项目。为了更好地进行解释，我们仅以"权力动机"为例进行讨论，"权力动机"描述了人们对权力影响和形成权力的意愿。

对"权力动机"具有强烈意愿的人会努力争取成功，以获得成就、领导权，并承担责任。因此，当项目经理为员工提供影响力和发挥空间时，以"权力动机"驱动的员工会受到更有效的激励。项目经理可通过以下措施加以实现。

- 项目经理向员工展示决策空间："你知道项目的目标，请为此做出必要的决定。"
- 项目经理通过"模范""成就贡献者"或"积极主动"等词，来设定有针对性的激励措施，以激发员工的雄心壮志。
- 项目经理通过设定目标来激发员工的个人责任感，并让员工自行决定行动方法。

当然，以动机为导向的领导者不能固执地遵循这些技巧（或类似技巧），知人善任也很重要，但最重要的是对他人的价值观和优先事项也持开放的态度。

生存技巧

◆ 明确自己的动机。请记住，特别强烈的自我动机可能使以其他动机驱动的员工产生挫败感。

◆ 不要做出这样的错误假设：能激励你的任务和措施，也能激励你的员工。

◆ 识别员工的生活动机。逐渐了解驱动员工发展的个人动机。

◆ 增强自己的观察力，能够发现对员工重要的事情。观察员工的行为举止及他们喜欢谈论的话题。

◆ 根据员工的个人动机来调整自己的沟通方式。考虑一下，使用哪些词能促进员工的协作。

◆ 尽量为每名员工分配能激励他的任务，并营造能激励员工的环境。

1.4　反向委派的风险

——许多项目经理面临"猴子生意"的威胁

当谈及逃避工作时，员工可能表现得颇具创造性。他们会用丰富的话术解释无法完成任务或无法遵守时限的原因。项目经理应对此保持警惕：这种小把戏通常用来反向委派任务和逃避职责。

"史蒂芬，我们这里遇到了问题。"一名员工在项目经理前往会议室的途中拦住了他，并简要描述了让他止步不前的事情。他说了很"多"，足以让项目经理知道发生了什么事，但他又说得太"少"，让人找不到解决方案。史蒂芬匆匆忙忙地承诺会关心此事。这样一来，让许多项目经理为难的事情便发生了：反向委派（也被称为"猴子生意"）。

许多员工总能成功地进行反向委派，尤其是在项目中。他们会千方百计地使自己摆脱一项任务，并确保其领导者能跟进此事。作为项目经理，你可能在无意中处理了已交给员工的任务。与此同时，你仍然需要履行自己的本职工作。

作为项目经理，你应当意识到反向委派的风险，并且从根本上抵制任何进行反向委派的企图。请注意，保持强硬很重要，即永远不要处理员工应做的任务。

谁得到了猴子

"猴子生意"的说法是由管理顾问 William Oncken 和 Donald L.Wass 提出的。1974 年，他们撰写的文章《管理时间：谁得到了猴子!》引起了轰动。该文章直至今日仍在传播，几乎每本有关委派的书籍里都会提及这两位作者。他们表示，员工有将分配给他们的全部或部分任务返还给领导者的自然需求（见表 1-2）。

表 1-2　反向委派的原因

反向委派的原因（项目经理的角度）	反向委派的原因（员工的角度）
<ul><li>项目经理未适当地委派任务。员工不清楚应在何时完成什么。</li><li>项目经理很难忍受员工遇到困难或感到无助——典型的帮助者症候群。</li><li>对于项目经理来说，重要的是能被当作专家。而证明这一点的方法之一是，项目经理亲自完成任务。</li></ul>	<ul><li>员工无法完成任务。他缺乏专业知识或必要的经验。</li><li>员工无法取得进展，因为他需要重要的信息。另外，员工可能尚不清楚是否必须由自己解决这些问题。</li><li>员工的工作止步不前，因为在做事前他首先要做出一个决策，而他又无法自己做决策。</li></ul>

William Oncken 和 Donald L.Wass 将许多最终又回到领导者的任务描述为"猴子"，任务的反向委派就像猴子从员工的肩膀上跳到领导者的肩膀上一样。

通过电子邮件发送猴子

项目经理对 William Oncken 和 Donald L.Wass 描述的"猴子生意"太熟悉了。项目团队中有一些员工致力于进行反向委派。他们会经常出现在项目经理面前（肩膀上站着一只猴子），并诱使项目经理接手问题。

然后会发生什么呢？猴子跳了过去（跳到了项目经理的肩膀上）。特别聪明的员工甚至通过电子邮件发送"猴子"。项目经理还没做好准备，他的办公室已变成"精神病院"。在星期一，还只有两只可爱的小猴子，但到了星期五，他已经在与一群叛逆的灵长类动物"斗争"了。周末，他甚至要带一些特别不守规矩的"猴子"回家。

猴子很少独行

即使在此期间，猴子也几乎没有给你几分钟的安宁，作为项目经理，你会很快意识到：

- 在猴子跳到你的肩膀上后，它不会孤单地待在那里。也就是说，猴子是群居动物，并且繁殖速度很快。
- 猴子一旦来到你的肩膀，你的世界就被"颠覆"了。从此以后，员工就会时常来找你，可能问你是否有新的消息，也可能问你当前的状况及预计何时能有进展。

一旦你陷入"猴子生意"中，就无法再谈及领导权限了。现在，员工反过来决定你的工作。在那些重要的、需要由项目经理完成的任务保持不变的同时，你还要处理员工的工作。如果你有此困境，那么是时候离开猴子的牢笼了。

摆脱"猴子生意"之路

归根结底，你只有一条出路：保持强硬的态度，并且不要处理员工的工作。请以友好的方式指导员工，但要确保你能得到解决方案的提议。

如果员工确实遇到了难题，请你与他进行面对面的谈话。在进行谈话时，员工要首先描述自己的工作内容，解释止步不前的原因。这样一来，你和员工之间的问题就摆在桌面上了。你们可以冷静地考虑应如何继续执行接下来的工作。你需要帮助员工澄清，他的（不是你的）下一个任务是什么！也就是说，请你让猴子乖乖地回到员工的肩膀上。

生存技巧

◆ 请注意，不是员工等你（作为项目经理）为他做事，而是你等员工为你做事！

◆ 在委派任务时，请说明任务的含义、重要性、你的期望值，以及员工为此应了解的其他内容。

◆ 及时地委派任务。如果到最后一刻才分配任务，那么你很可能没时间把重要的细节说清楚。

◆ 根据 AKV（德文缩写）原则行事，即随任务（A）一起转移所需的权限（K）和相关的责任（V）。

◆ 冒点风险，采用放长线的方式。让员工按自己的想法自由地完成任务——毕竟，结果才是最重要的。

◆ 克服想帮助他人的冲动，转而教育员工应独立思考和行动。

1.5　船上的叛乱

——如何应对团队中的反对者

通常，项目经理在组建团队时就已预感到："在这个项目中，我必须考虑部分员工可能做出有破坏性的行动。"在本应团结一心的团队中，不同的利益方相互碰撞。本应由领导层解决的冲突被引入项目。在这种情况下，

项目如何才能成功？

迪尔克接管了一个棘手的项目。由于他的员工来自公司的不同部门，所以，经常会发生与利益相关的冲突。此问题贯穿迪尔克的项目。例如，有两名员工来自一个明确反对该项目的业务部门。迪尔克担心，这两名员工不会放过任何一个阻碍他的机会。事实也的确如此。仅在几次团队会议后，迪尔克就经历了一次有破坏性的行动。

显而易见的是，迪尔克急需一种能应对项目团队中的反对者的策略。

项目团队中的反对者通常是专家，由其所在的专业部门故意派遣到项目中以破坏项目。他们伪装成解决方案的架构师、技术项目经理或程序员，把守项目的关键节点。因此，他们能够对项目造成很大的伤害。

最重要的是，当一个项目要改变公司的结构时，就会遇到阻力，并引起抵制或破坏行为。有时，部分中层管理人员也反对该项目，这就会使情况进一步恶化。除非你确定能获得上级的支持，否则一定要了解来自职能经理的隐性阻力。

⊘ 反对者和破坏分子的双重干扰会严重危害项目。在这种情况下，项目经理必须表现出领导才能，不能对反对者放任自流。

▰ **选项 1：投降和退缩**

一种可能的反应是，拒绝项目的授权。如果从一开始就清楚哪位员工反对该项目，那么这可能是一个可行的选择，即将反对者从团队中剔除，从而重新组建团队。然而，还应考虑的是，作为项目经理，你会因这一举动而引起广泛的关注。毕竟，你的退缩相当于把刀架在了管理层的胸口。

因此，你应谨慎考虑是否走这一步。如果一切顺利，你能揭示冲突并做出必要的决定。如果行不通，你将面对项目失败的风险。而且，因为你刚遇到困难就想退出项目，这一行为将给你的职业生涯留下不好的记录。

◾ 选项 2：公开宣战

公开宣战也是对抗反对者的可行选择。作为项目经理，你遵循"只能有一个"的高地原则，并寻求与他们进行直接讨论。

这条路也是有风险的。如果你错误地估计了局势，那么会适得其反。毕竟，在公开讨论中，最终只有赢家和输家。拥有更大的权力并愿意坚定不移地使用权力的人，终将获胜。因此，请你在胜面大的情况下才加入"战斗"。许多项目经理高估了自己的权力，因而陷入了日益加速旋转的冲突旋涡。

即使你赢得了这场"战斗"，并且将反对者赶下了船，但抵抗力量也不一定会被清除。失败一方很可能要寻求报复，并从外部对你施加压力。这场"战斗"的胜利可能是一次皮洛士式的胜利。

◾ 选项 3：隔离和排除

另一个选择是，在知道有反对者的情况下启动该项目。这是很费精力的。因为你必须时刻关注项目的反对者，并时刻提防可能出现的小规模冲突。

如果选择这种方式，你应将损失控制在尽可能小的范围内。因此，请尽量让项目的反对者远离项目的核心任务。但要小心，反对者将竭尽全力破坏该项目。如果你不能及时识别这种破坏行为，那么损失可能是巨大的。

隔离和排除项目的反对者很费精力。不断的斗争和摩擦不会使项目停止，但这迟早也会影响项目成果。

◾ 选项 4：打造联盟

让大多数的员工支持你！很显然，"打造联盟"看起来更有希望成功。如果你知道自己得到了大多数员工的支持，就能激发出团队的凝聚力。反对者将很难团结其他的员工，而其立场将使他们变得越来越孤立。

你如何才能赢得大多数员工的支持？首先，请通过私人对话来确定，谁认同该项目，并愿意充分参与该项目。其次，确定团队的领导者并与他们携手合作。最后，小范围地与团队领导者一起准备所有重要的决定。这样，你就可以确保在项目中始终得到大多数人的支持。

现在，项目的反对者再也无法提出自己的观点了。他们意识到，自己属于少数群体，并感到自己的行为将使自己在团队中越来越孤立。这可能使项目的反对者更"绝望"，从而导致其行动更具破坏性，但他们也因此被进一步边缘化。

生存技巧

◆ 遵循高地原则："只能有一个。"具有领导力意味着，永远不对反对者和破坏分子放任自流。

◆ 要勇敢一点。为一个好的团队而战比在项目中与反对者作斗争更容易，也更有意义。

◆ 避免简单的妥协。请考虑以退出项目来"威胁"你的客户，从而将冲突公开。

◆ 谨慎选择战斗。除非你能确定自己可以获胜，否则不要与反对者战斗。

◆ 孤立反对者，将其排除在项目的核心任务之外，并将损失控制在尽可能小的范围内。

◆ 赢得大多数员工的支持。向反对者表明，他们无法阻止你。

1.6　真实的个性备受欢迎

——性格如何决定成败

在我看来，纳尔逊·曼德拉和詹姆斯·邦德的混合体堪称完美的项目经理。完美的项目经理致力于自己的项目，不断使自己摆脱困难，为人谦虚而果断，并且为每个问题都准备了合适的解决方案。实际上，你几乎找不到这样的项目经理，因为每个人都有自己的做事风格。但是，这可能对项目的成败产生重大影响。

尤塔就是人们常说的那种实干家。她寻求挑战，希望塑造和改变自己身边的环境。后来，她正巧碰到了一个不太容易做的新项目，便全身心地投入该项目。现在，她想向所有人展示，她能使项目成功，从而给她的职业生涯留下值得夸耀的印记。这听起来还不错吧？

然而，正是这种实干家的心态让尤塔陷入了困境。由于沉浸在亢奋的状态中，她忽视了该项目对企业中其他人的影响。当她全力以赴且不顾损失地推动变革时，有越来越多的相关人员开始遇到各种不同的障碍。

与尤塔这样的实干家一样，很多项目经理也全身心地投入自己的项目，并将自己的个性、优点和缺点带入项目。若项目经理过于片面地展示自己的个性或特殊优点，则可能危及项目的成功。对于企业来说，有尤塔这样的"强者"（敢于选择有挑战性的项目）可能是幸运的。但是这也带来了风险，这样的"强者"可能非常爱钻牛角尖（或冒犯他人），经常掉入项目中常见的陷阱，最终使项目在某处陷入困境。

对于项目经理来说，重要的是了解自己的性格。项目经理应了解自己的动机，并能正确评价自己的优点和缺点。

根据性格和个性特征，每个项目经理在项目中的行为都会有所不同。通常，项目经理可被划分为四种类型（见图 1-3），以某种对应的方式行事并与他人合作。

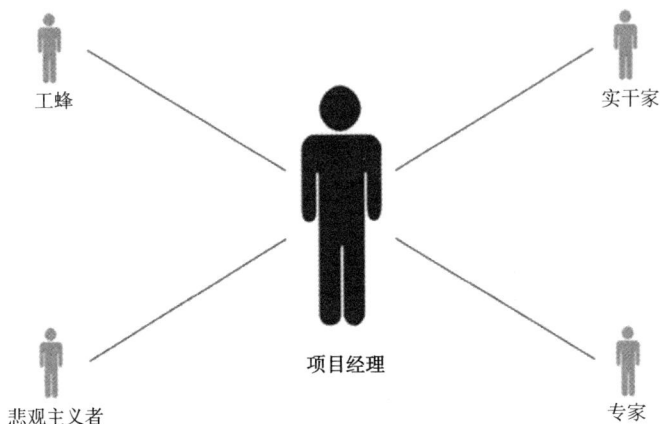

图 1-3　项目经理的四种类型

◼ 当实干家接到指令

我们已经了解尤塔了。她是个实干家，并满足人们对优秀项目经理的所有期望，即执着、希望获得立竿见影的结果。对于像尤塔这样的项目经理，他们通常怀揣雄心壮志，想取得成就，并希望解决实际问题。他们坚定地推进自己的项目，但也要求拥有一定的自由空间。

唯一的问题是，实干家通常一心追求项目的成功。实干家相信自己能快速推进项目，但低估了这样做的风险和副作用。也就是说，由于项目通常会涉及企业的不同部门，这种激进的做法会迅速引起相关人员的抵触，无论该项目多么有意义。

◼ 当专家接到指令

有时，专业或技术专长也会起到决定性的作用，能使专家型项目经理的角色由项目经理转变为员工。凭借专业知识和经验，专家型的项目经理能够筛查大量的数据，甚至能独自为最棘手的技术问题找到解决方案。如果项目对技术的要求很高，专家型的项目经理就会非常合适。

然而，专家型项目经理常常在项目启动之初就掉入陷阱，他们尚未从战略和构想上将项目推上正轨，就已沉湎于专业方面的细节。他们没有明确阐明项目的任务，也没有制订可靠的项目计划。因此，他们失去了对全局的把控，再也看不到被树木环绕的森林。

◼ 当悲观主义者接到指令

通常，"谨慎是成功之母"是悲观主义者的座右铭。这种类型的项目经理谨小慎微，并极力避免任何错误。因此，他们凭借可靠、缜密的行事方式得到人们的高度赞赏。不利的一面在于，他们很难做决策，也不愿冒险。

事实上，过度谨慎带来的真正风险体现在其他地方。例如，随着时间的推移，项目经理的名字变得仅与问题相关，而与解决方案无关。他经常惹恼自己的员工，以及其他与之担忧相关的人员。哪位经理会因为项目经理总在制造新的问题，而干预正在进行的项目？

◼ 当工蜂接到指令

就积极性和投入程度来说，工蜂型项目经理是团队中的榜样。他们默默地工作，并常常躲在幕后。他们韬光养晦，不愿引起他人的注意，并将其优秀的项目组织和规划能力隐藏起来。

与此相关的一个主要问题是，在很大程度上，人们"看不到"工蜂型项目经理正在执行的项目（如同日常工作一样）。工蜂型项目经理及其团队没有获得应有的认可，有时，他们甚至缺少必要的支持。很显然，仅做好或出色地完成工作是不够的。项目经理还应具备推销自己及团队工作的能力。对于谦虚的项目经理来说，发出声音也是一项技术活儿！

生存技巧

◆ 了解自己的性格，并正确评价自己的优点和缺点。

◆ 每个优点都有与其相关的缺点。你应该了解这些缺点，以便做好应对计划并避免可能出现的问题。

◆ 如果你是实干家，请控制独自完成项目的冲动，并寻找有影响力的盟友，以协助你实施项目。

◆ 如果你是专家，请尽快统揽全局，并避免过分关注技术细节。

◆ 如果你过于谨慎，请习惯解决问题（无论由你独自解决还是与团队一起解决）。不要以此打扰你的领导者。

◆ 如果你过于谦虚，请不仅要把事情做好，而且要谈论它。只有这样，企业的负责人才会注意到你的项目，并对项目的成功进行犒赏。

1.7　五种危险的驱动因素

——驱动因素如何危及项目成功

与其他人一样，项目经理也会受到某些驱动因素的驱动。在某种程度上，项目经理的驱动因素可能有所帮助。但是，如果过度展现驱动因素，就会在困难的项目环境下产生负面影响，带来巨大的压力，并最终危及项目的成功。

作为项目经理，蒂莫以其出色的表现而闻名。他不满足平均的表现。乍一看，这是值得称赞的。然而，对于蒂莫正在管理的项目来说，他的性格可能给他带来灾难。例如，他要承受巨大的时间压力，其完美主义倾向也会不断将问题放大。事实上，蒂莫追求完美主义的努力已被证实为浪费时间，并导致了项目失控。最终，蒂莫因不必要的雄心壮志而失败。

在蒂莫的案例中，追求完美主义的愿望是蒂莫的驱动因素。对一些人来说，在任何情况下都要展现实力是其驱动因素。对另一些人来说，迅速完成工作的意愿是其驱动因素。任何人（或任何项目经理）都有自己的驱动因素，这些驱动因素通常会有所帮助，但在过度展现或其他特定的情况下，这也可能成为工作的障碍。尤其在困难的项目环境下，这些驱动因素可能危及项目的成功。

作为项目经理，你应了解自己的驱动因素。只有知道哪些驱动因素会影响你的行为，你才能规避风险，避免盲目掉入自己造成的项目陷阱。

■ 驱动因素的概念

驱动因素的概念起源于交易分析，由心理学家卡勒博士于 20 世纪 70 年代中期提出。进行驱动因素分析有助于识别人的无意识模式，在这种模式的驱动下，人们的行为最终不会达到想要的结果。受驱动因素的控制，人们达成的目标常常与期望相反。这在项目中可能变得很危险。卡勒博士划分了以下五种驱动因素（见图 1-4）。

■ 工作狂

"没有付出就没有收获。""生活艰难。""一分耕耘一分收获。"以"努力"为驱动因素的项目经理通常信奉此类格言。具有这种驱动因素的人认定，成功仅来自努力。具有这种驱动因素的项目经理是真正的工作狂。他们有强大的恒心和毅力。然而，他们倾向在项目中寻找通往目标的最艰难的道路。"有痛才会成功。"这是他们的信条。

为消除这种夸大其词的说法，你必须时刻牢记：项目也能带来乐趣！

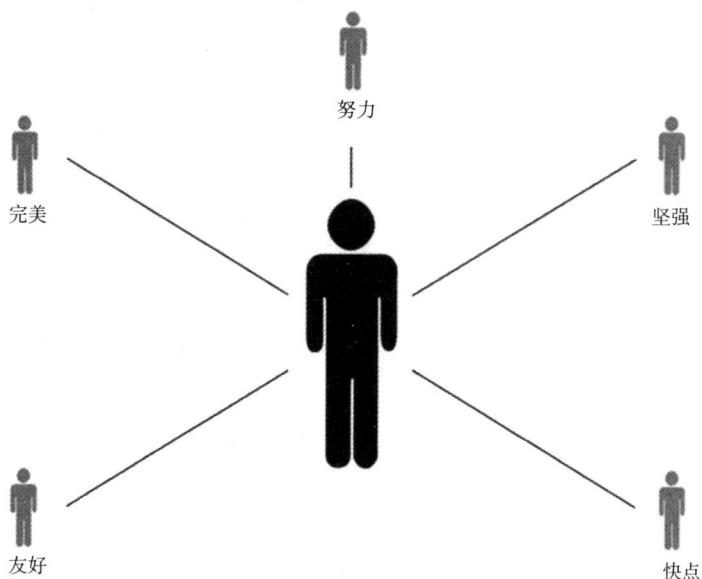

图 1-4　五种驱动因素

■ 猛男

对于以"坚强"为驱动因素的项目经理，他们生来信奉"我一个人也可以完成"的座右铭。即使在棘手的项目环境中，他们也喜欢扮演英雄，而不展现自己的真实感受和缺点。这赋予了他们权威和领导力。在项目危机中，他们至少在表面上没有被自己打败。

然而，当此驱动因素变得过于强大时，项目经理情愿扮演孤胆英雄的角色。在困难的情况下，当事情没有按照预期进行时，他们的行为很容易冒犯他人。在这种情况下，最好的做法是，寻求帮助或使用已有的资源，而不是建造厚厚的"防护墙"，不让任何人靠近你。

■ 急性子

对于以"快点"为驱动因素的项目经理，他们在童年时期可能经常被催促，因此，其当前的行为深受童年时期的影响。他们很容易变得紧张不安和不耐烦；他们不介意顶着时间压力工作；他们有足够的活力，能够激励和启发他人。

但这个驱动因素也有不利的一面。如果项目经理不够镇定，项目团队可能很容易遭受其苦。员工会感受到项目经理带来的压力，从而导致误解和冲突。请项目经理记住，"力量蕴藏在镇定中"。

■ 人见人爱的人

以"友好"（让所有人都满意）为驱动因素的项目经理很难对他人说"不"。他们害怕拒绝别人，因此采取让所有人都满意的行为方式。一方面，这种行为方式在一开始对员工确实非常有用，即项目经理会响应员工的任何要求。

另一方面，这种行为方式使项目经理走上了一条危险的道路。因为对他们来说，只有其他人的期望是重要的，所以他们会今天有一个想法，明天又有另一个想法。他们只是不想触犯任何人。很快，就不再有人知道，他在和这位项目经理做什么。现在是表达自己立场的时候了，请认识到，你不可能总是让所有人都满意。

■ 完美主义者

回到蒂莫的案例。蒂莫对质量有着很高的要求，这表明，他是以"完美"为驱动因素的项目经理。蒂莫害怕犯错。在项目工作中，害怕犯错有时是"致命"的。从项目的定义来看，项目通常是独特的，并且是新颖的（出现错误很正常）。另外，蒂莫也必须牢记"80/20"原则——能够对 80% 的结果感到满意。毕竟，"少即多"。

生存技巧

◆ 识别给你带来压力的驱动因素，并用经过设计的"口号"来抵消这些驱动因素。

◆ 不要总在意所有事情。相反，你的准则应是，"结果才是最重要的"！不要让生活变得不必要的困难。

◆ 你无须扮演英雄才能获得帮助。向自己信任的人敞开心扉，这同样是力量的象征。

◆ 停止匆忙行事。有意识地花时间进行下一个项目，并设定优先级。取消那些不能使你达成目标的日程安排。

◆ 明确地表达自己的观点。完善你的个人简介。请记住，如果你想取悦所有人，那么从长远来看，你将无法取悦任何人。

◆ 告别完美主义。请不要害怕犯错，不要因为担心糟糕的结果，而不敢进行下一个项目。

第 2 章

在通往梦之队的路上
——项目经理作为团队经理

哪位项目经理不向往拥有一支能够同甘共苦且有实力的队伍？作为团队经理，你面临这样的局面：将一群单打独斗的战士集结起来，组成一支干劲十足、齐心协力的团队。正确地解读团队的动态并有针对性地掌控团队是实现上述任务的前提。

如今，任务越来越多地以项目的形式呈现。许多项目的执行范围不再局限于单个部门，而是涵盖了多个职能部门。此外，一些外部人员也常常被包含在内，如合作伙伴、外部服务供应商或客户，在项目的不同阶段，他们会被要求参与项目。

这样做的结果是，项目团队的成员构成五花八门。通常，员工拥有各式各样的技能，在他们还互不相识的情况下，就会立即面对在特定期限内完成项目的巨大压力。项目经理期望他们立刻开始高效合作。这意味着，项目经理要在短时间内将一群单打独斗的战士组成一支干劲十足、齐心协力的团队。

组成一支有实力的队伍并非自然而然的事情。作为项目经理，你不应将其寄希望于偶然。你还需要关注一系列的重要问题：团队到底是如何运作的？团队取得成功需要具备哪些条件？良好运作的团队应如何构成？怎么做才能让所有员工都融入团队？

团队合作的巨大潜力主要在于，每位成员在团队中都能超越自我。因此，团队合作成为项目成功的关键因素之一。这在理论上是不难理解的，但许多项目经理低估了与之相关的复杂的团队动力学。他们因此常常错过了在关键时刻铺设正确轨道的机会。由此看来，理解和影响团队动力及团队合作的能力是十分重要的。

因此，你需要担任团队经理的角色。其中的挑战是，团结和激励不同性格的个体，并支持其独立行动。如何能做到这一点，如何避免团队中的摩擦，如何创造协同效应——这些都是本章的主题。

充满希望的起点。请设想一下：你组建了一支足球队，但只有两名队员知道比赛究竟是怎么一回事。直到现在，队员们还未在一起训练过。没有人真正清楚，谁踢哪个位置。这跟项目有什么关系呢？其实，许多项目都是像这样开始的，井然有序的项目启动难得一见。开工会议提供了一个机会，可以让团队为即将开始的任务做好准备。第 2.1 节将向你展示，人们如何共同为项目设立起始点。

在项目中启动涡轮增压。项目经理在安静的小房间里独自制订了许多项目计划。项目团队的成员们感到自己被忽略，对此大为恼火，并找出成百上千个理由，以说明此项目计划无法奏效。大家都对这精心准备的项目计划不以为然。对此，"起飞研讨会"可提供帮助：团队能在最短的时间内实现"加速度"的突破；所有与会者都获得了相同级别的信息，并且在第一天就取得了切实的成果。第 2.2 节阐明，"起飞研讨会"为何会像涡轮增压器一样工作。

所有人齐心协力。项目通常是跨学科的——人员和技能的丰富组合。通常，员工在彼此还不认识的情况下，就要尽快朝着一个共同的目标努力。这显然会使项目的启动变得困难，而每个人可能都需要一段时间与他人磨合。在第 2.3 节中，你将了解如何将"丰富的组合"转变成一个独立的、有动力的团队。

关键在于组合。一项研究表明，由最优秀的专家组成的项目团队，并不能交付最佳的项目成果。在测试中，由专业能力最强的员工组成的团队表现最差，而由平均水平的员工组成的混合团队表现最佳。为了组建最理想的团队，根据以英国科学家梅瑞迪斯·贝尔宾（Meredith Belbin）博士命名的贝尔宾模型来区分团队角色，将会为你提供很大的帮助。你将在第 2.4 节中了解该模型。

对抗和权力斗争。如果在项目团队中出现对抗和微妙的权力斗争，那么员工会更加关注自我和追求名次，而不是实际的项目工作。团队会迅速分裂成不同的阵营——人们的大部分精力因解决冲突和进行权力斗争而分散。在第 2.5 节中，你将学习如何影响团队中的等级制度，以及如何及时避免员工之间的对抗和争吵。

做出重要的决定。在项目中，你经常需要进行决策。然而，若没有经过冗长的争论，通常很难快速、轻松地做出决策。项目经理独自做出的决策通常不是真正的解决方案，因为他们一般缺少在遇到阻力时进行决策的权力。因此，即使决策过程可能很缓慢，日常工作中的大多数项目决策也应由团队来进行。第 2.6 节描述了如何一起做决策的方法。

以最小的力量前进。团队中总会有"害群之马"，那些低绩效员工会拖累整个团队。作为项目经理，你不可避免地会和这些无法胜任工作的员工打交道。低绩效员工会给项目带来严重的问题：其他同事必须做额外的工作，而这会引发冲突。在最坏的情况下，整个团队的动力和执行意愿会降低。在第 2.7 节中，你将学习如何与低绩效的员工打交道。

2.1　充满希望的起点

——项目团队的首次亮相

项目通常以开工会议开始，员工在开工会议上第一次见面。第一次见面有着特殊的意义：所有人的目光都集中在项目经理身上，这为他提供了一个独特的机会来激励他的团队以完成即将到来的任务。通过良好的开工会议，可使员工从一开始就致力于实现项目目标。

"真让人绝望！"萨布丽娜抱怨道。几周来，她一直在努力提高项目的执行速度，却无济于事。相反，她的项目停滞不前：员工的工作效率很低；看似已澄清的主题被反反复复地讨论。"员工最好能并肩协作，而不是相互妨碍。"项目经理抱怨说，"我们还需要多长时间才能实现富有成效的合作？"

开工会议是项目的起跑信号，为项目启动及后续项目过程奠定基础。项目启动的成功与否，将影响人们对项目的期望，也就是说，与会人员及外部观察者由此决定他们赋予项目的优先级、成功机会和投入程度。因此，项目的诸多方面都取决于开工会议，如萨布丽娜的例子所示，一个错误可能导致严重的后果。

通过开工会议来确保良好的项目启动，这是项目经理最重要的任务之一。如果这个至关重要的项目启动失败了，那么项目经理只能花费大量的时间和精力来纠正。

◢ 全力投入项目

开工会议是项目团队在获得项目订单后举行的第一次正式会议。该会议不讨论具体的项目内容，其主要目的是让项目参与者相互认识，并向他们介绍项目目标、员工的角色和基本任务。成功的开工会议能在员工之间建立信任，并使项目团队能够在很早的阶段就有针对性地开展工作，从而加快项目的执行速度。换句话说，开工会议可使启动曲线更为陡峭（见图2-1）。

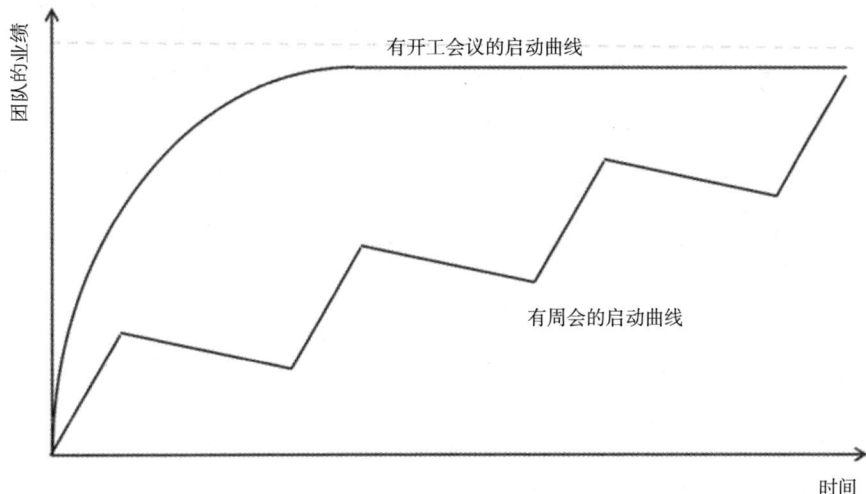

图 2-1　启动曲线

■ 认识

不要理所当然地认为，员工已经彼此了解。在许多项目中，平日在不同部门工作的员工聚在一起，他们之前从未合作过。因此，开工会议的一个重要目的就是，召集新组建团队的成员。每个员工都应有机会亲自认识自己的同伴。当创建一个团队，并且希望所有员工都能齐心协力时，这种个体间的交流非常有价值。

每个员工在介绍环节不仅应简要介绍自己，而且还要对项目提出建议，这也被证实是十分有用的。例如，项目经理可能问："你对这个项目有何期望？"或"你对团队合作有何期望？"

■ 介绍

开工会议的目的还包括对项目的介绍。项目经理应使每个员工获得相同级别的信息，但不必过于详细。每个员工都应了解项目的出发点、背景、目标和框架。

我建议，不要让开工会议的内容过于丰富。该会议既不应涉及细节，也不应处理特定任务。作为项目经理，你应将会议的主题限制在有关项目的基本信息之内，即说明目标、期限、预期结果和计划的过程。你也可以在全体会议或工作小组中分发初始任务或获得特定的反馈。但是，你一定要将实际的计划工作与开工会议分开，或将其放到参与人员较少的研讨会上讨论。

■ 合作

"我在项目中的角色是什么？我们如何合作？有哪些会议？项目对我有何期望？如何进行文档记录？"这些都是项目参与者非常感兴趣的问题。这些问题都需要在开工会议上得到解答，以便相关人员可以从一开始就为即将发生的事情，以及他们如何在项目中与他人合作做好准备。合作正常进行的前提还包括：明确任务和所需的能力，并制定合作与沟通规则。

■ 定位

开工会议为项目经理提供了进行自我角色定位的机会。只有做了充分的准备并自信地主导活动，才能获得身为项目经理应有的尊重和认可。因此，重要的是，要与员工接触，寻求与他们的对话，并谈及触动他们的话题（如他们的顾虑、担忧、恐惧、怀疑和需求）。作为项目经理，你甚至应该在开工会议后花些时间与员工进行简短的一对一谈话。

> **生存技巧**

◆ 请事先澄清项目的目标、框架和客户期望等问题。在开工会议上，你应对此做出精确的回答。

◆ 请鼓励员工通过第一轮介绍来互相认识。

◆ 使所有员工获得相同级别的信息，并对项目的必要性和优先级达成初步共识。

◆ 以"项目路线图"的形式介绍最初的规划步骤。让员工知道你打算做什么。

◆ 明确任务和所需的能力。这对于员工的定位和良好的合作都至关重要。

◆ 确保对项目的下一步工作清晰明了。请商定，下一步做什么，以及谁必须在什么时候完成何种工作。

2.2　在项目中启动涡轮增压

——"起飞研讨会"让项目明显起飞

许多项目经理在安静的小房间里独自制订项目计划，但项目计划很少能获得员工的首肯。相反，员工会提出成百上千条理由，以说明此计划无法奏效。因此，更好的方式是，与员工共同召开"起飞研讨会"。如能正确实施，"起飞研讨会"能使团队在最短的时间内实现"加速度"的突破，并使项目在启动后的第一天就取得明显的成果。

凡妮莎实际上想与她的团队一起规划项目，并为此安排了研讨会。但是，总经理认为开工会议就足够了，不能因为召开项目的研讨会而让员工从日常工作中抽身而出。

迫不得已，凡妮莎只好勉为其难地独自进行规划。几天后，召开了该项目的开工会议，会议的持续时间很短，甚至有些员工没能全程参与。一些员工感到自己被无视。他们不能真正理解项目经理的规划，并认为里程碑的设置过于紧凑。

仓促的项目规划带来了不良的后果。项目未能正常启动，取而代之的是问题的出现。项目经理试图协调和委派任务，但遇到了麻烦。"这样是不行的！你不能那样做！进度计划完全不现实！"员工感到自己被无视。他们的看法是，现在必须为项目经理独自想出的东西承担相应的后果。

像凡妮莎案例中的简短的开工会议是不够的，这无法使项目进入正轨。项目经理和员工应多花些时间，通过启动研讨会来安排项目工作并共同规划项目。

▪ 在开始时铺设正确的轨道

在开始一个项目时，项目经理和员工应共同深入探讨该项目。一种合适的方法是，在项目开始时召开研讨会，这种研究会也被称作"起飞研讨会"。

在"起飞研讨会"上，团队将做出影响整个项目过程的重要决策。与会者要评估风险，讨论流程并确定大致方向。员工间的协调也是一个重要方面。应确保不同工作背景的专家能在项目团队中达成一致。所有这些都是"起飞研讨会"的任务——因为"开工会议"不适合讨论这些问题。

▪ 开工会议与起飞研讨会有何区别

"开工会议"和"起飞研讨会"这两个术语经常被当成同义词使用，因而未被看作单独的两个活动。因此，许多公司也没有意识到"起飞研讨会"的重要意义。区分二者并理解它们的差异是很有必要的（见表 2-1）。

表 2-1　开工会议与起飞研讨会的区别

	开工会议	起飞研讨会
活动类型	信息沟通活动	工作沟通活动
主持人	项目经理	项目经理
与会人员	项目团队、相关部门、相关方、客户	核心团队、客户（如有必要）
目标	将项目信息告知所有与会人员	制订核心团队的计划和方法
时间点	在项目刚开始时	在项目定义后
持续时间	最多3小时	1~2天

成功使团队步入正轨

"起飞研讨会"有两大任务：一是用于计划和组织项目，二是确保必要的团队合作精神。与会人员应了解齐心协力的重要性。成功的"起飞研讨会"可为项目团队未来的合作奠定良好的基础。

"起飞研讨会"的核心要素

"起飞研讨会"的流程取决于不同项目的具体要求，但原则上应考虑以下四个方面：

1. 目标／承诺

"开工会议"已确保项目目标是明确的。现在，"起飞研讨会"应确保所有与会人员都理解项目目标。此外，每个人都应知道他们在项目中应该做什么。

2. 大致的规划

"起飞研讨会"是第一个具有决定性的工作，并为所有进一步的规划奠定了基础。由于整个核心团队都在"起飞研讨会"中参与了规划过程，每个与会人员都有其相应的工作，并且可以迅速取得进展。

3. 风险检查

每个项目都存在可能对项目进程产生负面影响的不确定因素、问题和情况。在召开"起飞研讨会"时应考虑这些风险，以便团队能从一开始就意识到这些风险，并在必要时采取应对措施。

4．游戏规则

项目团队的合作应始终遵循通用的游戏规则，例如，召开会议，处理冲突或转发信息和工作结果。在"起飞研讨会"上，可以制定这些规则。

成功的项目经理应在"起飞研讨会"上投入相对较多的时间和精力。这样做的理由很充分：由团队制订的项目计划不仅更完整、更可行，还更能得到团队的支持。表 2-2 给出了"起飞研讨会"的示例。

表 2-2　起飞研讨会的示例

某项目的起飞研讨会	
09:00–09:15	**致欢迎辞** 项目经理发起研讨会，欢迎与会者，介绍起飞研讨会的目标和日程
09:15–10:30	**引言** 管理层代表解释项目目标和任务。与会者有机会询问该项目的背景信息
10:30–10:45	茶歇
10:45–12:00	**结构计划** 项目结构计划由团队制订。由员工一起考虑需要完成的全部任务要容易得多
12:00–13:00	**午休**
13:00–14:00	**小组活动**
14:00–15:00	**工作计划** 团队讨论工作计划的依赖性和约束条件。团队确定哪些活动是依次进行的，哪些活动可以相互独立地并行进行
15:00–15:15	**茶歇**
15:15–16:15	**时间／成本计划** 每日以最艰巨的任务收尾：对于工作计划中的每项活动，团队须估算其工作量和持续时间。这是确保进度计划可靠的唯一途径
16:15 之后	**共进晚餐**
09:00–09:15	**致欢迎辞**

续表

09:15–10:45	**风险检查** 团队着眼于可能对项目进程产生负面影响的风险,并讨论相应的应对措施,以便从一开始就成功消除风险
10:45–11:00	**茶歇**
11:00–12:00	**组织** 项目经理要与他的团队讨论项目工作的正式组织架构。团队同意重要的项目规则（如项目的工作时间、会议、协议、决策程序等）
12:00–13:00	**午休**
13:00–13:45	**准备** 管理层代表预告并评估研讨会的结果。团队为接下来的演讲做准备
13:45–14:00	**短暂休息**
14:00–15:30	**演讲** 项目经理和他的团队根据其计划向管理层代表介绍项目的基本过程。此外,他们还与管理层代表讨论已识别的风险
15:30–15:45	**总结** 研讨会以"快速总结"收尾,每个人说一句总结的话,而不再展开讨论。项目经理感谢自己团队的建设性合作,祝贺项目的成功启动

生存技巧

◆ 请留意,在启动项目时,项目团队和项目经理应花时间共同深入探讨项目。

◆ 为"起飞研讨会"预留充足的时间。即便是规模较小的项目,召开1~2天的"起飞研讨会"也是很有必要的。

◆ 注意目标的明确性。只有目标一致,团队合作才能顺利开展。如果不是所有员工都追求同一个目标,那么他们将朝着不同的方向努力。

◆ 要与员工一起制订整个项目计划。在制订活动结束时,每个人都必须知道,谁应在何时做什么事。

◆ 提高团队对可能出现的项目风险的意识。应识别和评估现有风险,以便决定合适的应对措施。

◆ 确保团队有清晰的组织结构。明确员工的角色和任务，因为职责不明确难免会导致摩擦。

2.3 所有人齐心协力

——有序地启动协作

项目成功的关键取决于团队发展。请记住，一群单打独斗的战士远比不过一支高效的团队。在项目团队以最佳方式协同工作前，通常还要走很长的一段路。

卡特琳娜和她的项目团队满怀热情地开启了这个重大的新项目。员工相互质疑的情况被抛在脑后。她认为："这会随着时间的推移渐渐好转。"然而，在几个星期后，看似无害的纠纷升级了。一些员工并没有通过合理的方式来探讨解决方案，而是陷入了内讧。其他员工则利用这一时机追求自己的目标。卡特琳娜对此感到很绝望。

项目经理在启动项目时自然应当全力以赴。但是，项目经理不能只推进技术主题。关心团队的绩效更为重要：员工必须团结在一起，而整个团队应尽快发挥全部潜力。任何忽视团队发展的项目经理，都有可能遭遇同卡特琳娜一样的困境：员工相互抗衡，而非团结一致。项目因此陷入混乱。

良好的团队协作并非是自然形成的。最重要的一点可用一个短语概括：团队发展。团队发展的目标是充分提高团队绩效。作为项目经理，你应在员工初次见面前就考虑到这一点。

■ 高效团队的四个阶段

很多模型都可应用于团队发展，其中最著名的一个模型来自美国心理学家布鲁斯·W.塔克曼（Bruce W. Tuckman）。布鲁斯的模型划分了团队发展的四个阶段：组建期、激荡期、规范期和执行期。该模型假定，团队中的各个成员相互熟悉并建立信任都需要一定的时间。根据该模型，团队会经历上述四个发展阶段。只有在第四阶段后，才可能真正有效地进行团队协作。

对于项目经理来说，了解这四个阶段非常有用。对四个阶段的区分可帮助项目经理在正确的时间采取正确的措施，以带领团队逐步发展壮大。

■ 组建期——员工相互认识

在第一个发展阶段——组建期，员工相互认识和了解。此时，团队尚不能真正称为团队，而更像是单打独斗战士的集合。紧张的期待，但也包括担忧、谨慎、恐惧和不确定性等，都是团队情绪的特征。没有人真正知道会发生什么，以及如何成为队友。所有员工首先要认识自己的同伴，并熟悉该项目。

作为项目经理，你应该在此阶段促进员工间的相互了解，以便他们建立信任；通过向员工介绍项目目标和项目任务，以及展示清晰的协作结构，来为团队提供指导。切记：组建期将为团队的进一步协作奠定基础。项目成功在很大程度上取决于团队协作的成功。

■ 激荡期——团队尝试"反抗"

当第一阶段的和谐表象骤变时，缺乏经验的项目经理会感到措手不及。最初的欣喜感消失了，项目中的薄弱环节和不足之处凸显出来——团队正处在激荡期。这时，不可避免地会产生一些讨论；出现意见分歧和利益冲突。也就是说，团队尝试"反抗"。当然，团队内发生摩擦也是很正常的。任何稍有规模的项目团队都会经历这一发展阶段。

作为项目经理，你不要因此感到困惑。你可将激荡期的出现看作一个好兆头。重要的是，你要以项目经理的身份出面，成功地带领团队度过关键时期。请项目经理尤其注意掌握控制权，因为，不满有时也会针对项目经理本人。

◾ 规范期——确立游戏规则

当最坏的情况已经过去，波浪有所平息时，具有建设性的发展阶段便开始了——团队进入规范期。激荡期常常使参与其中的人大开眼界：他们会认识到规则和标准对于有效协作的必要性。此外，项目的初步进展也能够鼓舞团队的协作精神。集体归属感正在慢慢形成。

作为项目经理，你的任务是控制此过程。请与你的团队商定协作的约束性规则。同时，请确保不要丧失团队的灵活性：有时候，团队在此阶段往往会出现过度自我监管。

◾ 执行期——团队发挥最高效能

现在是时候了：团队发展开始加速，并从规范期进入执行期。人事问题已经解决，角色也已经分配。每个员工都已了解自己在团队中的位置和任务。所有人都能够顺利地相互协作，并且对共同实现项目目标兴致盎然。作为项目经理，你现在可以在很大程度上任由团队发挥了，只需要偶尔进行适当的纠正即可。

当然，该模型简化了项目团队中的人员交互。通过四个发展阶段，该模型也暗示了一种在现实中不存在的自动过程。实际上，这些阶段通常持续不同的时间。如果任务发生变化，或者有新成员加入团队，这些阶段也可能重复发生。你也不能假设团队总会进入下一阶段——因为团队时常会陷入发展困境。

生存技巧

◆ 请确保目标明确，因为一个团队需要有由全体成员达成共识的目标。否则，每个人都会朝着不同的方向前进。

◆ 请确保团队的组织结构清晰。明确每个员工的角色和任务，因为职责不明难免会导致内部损耗。

◆ 切记：优先解决问题和冲突。没有什么比悬而未决的问题和冲突更
能阻碍团队协作了。

◆ 请鼓励你的员工相互支持。只有共同解决问题，团队才能发挥出最大
潜能。

◆ 向你的团队明确，每个成员都应对共同的项目成果负责，并确保没
有"独行侠"。

◆ 给团队充足的时间来发现自我。积极地领导团队度过团队发展的各个
阶段。

2.4　关键在于组合

——某个人可能不是完美的，但团队可能是完美的

我们都了解这些不同类型的人，如实干家、"工蜂"或发明家。当人们
与之打交道时，他们有时让人感到非常抓狂。但在项目中，他们能够极大地
提升团队的效率。前提是，要用对方法，并扮演好各自在团队中的角色。

项目经理哈特穆特不再能理解这个世界了。当他环顾四周时，他似乎
有一个梦想中的团队。毕竟，各专业部门已为项目输送了最优秀的员工。
无疑，该项目得到了领导层的全力支持。然而，当哈特穆特回顾近几周的工
作成果时，发现没有值得一提的进展，即项目远远没有达到预期。项目团
队未能高效协作，而陷入了各种纷争。专家们试图通过拙劣的论据来说服
对方。每个人都想证明自己是正确的，但一事无成！

哈特穆特遭遇的这种情况并非罕见，这被称为"阿波罗综合征"。该术
语可追溯到一项用于调查不同团队绩效的科学实验。被调查的团队之一叫
作"阿波罗队"，由技术能力最强的员工组成。这个团队其实被寄予了厚
望，但令相关人员感到惊讶的是，它取得了最糟糕的结果。

"阿波罗队"的案例说明了一个常被忽视的风险：重要的项目总是将所谓最优秀的人员视为必要条件，但在团队协作中，这些人员被证实是不合适的。

> 项目成功的关键取决于团队的正确组成。因此，项目经理应注意"正确的组合"：一个平衡的团队，员工的能力应具有互补性，以便员工之间能够相互支持。

寻找完美的团队

一个完美的团队应当如何组成？按照专业知识？按照项目经验？按照团队协作能力？经梅瑞迪斯·贝尔宾博士证实，对于可比较的项目任务，具有理想阵容的团队能够取得可衡量的最佳项目成果。在研究中，贝尔宾详细调查了团队中的人类行为，并探究了不同性格类型的员工如何影响团队协作的有效性。

贝尔宾定义了八个不同的团队角色，即"贝尔宾团队角色模型"（见图2-2）。他的结论是：最理想的团队由八名成员组成，而每个成员都承担着不同的团队角色（见表 2-3）。在这种组合中，员工可凭借各自的不同能力来互相提供最佳的支持。

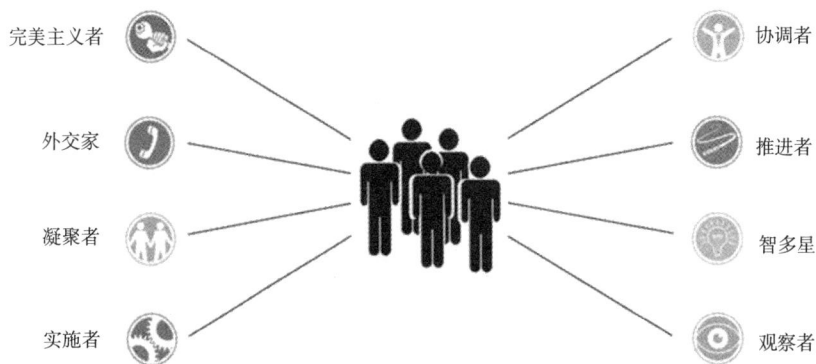

图 2-2　贝尔宾团队角色模型

表 2-3　贝尔宾团队角色模型中的八种角色

	协调者。带领团队朝着共同的目标前进。他控制团队，迅速识别员工各自的能力，并根据其能力来分配任务，以实现目标。
	推进者。通常是优秀的管理者，因为他希望有所作为，并能够肩负压力前进。他关注目标的设定和优先级的创建。他试图敲定项目，并快速采取行动。
	智多星。拥有富于创造性和想象力的头脑，是独创性解决方案的来源。他以非正统的思想提出先进的想法、策略和方法，启发团队开发新的解决方案和处理方法。
	观察者。是拥有良好判断力的分析师。他有时会很审慎，有时又会以固执的方式研究其他人的想法和建议，并权衡利弊。一个好的观察者很少出错。
	实施者。是实际的组织者，他能高效、系统、有条理地工作。他能将概念和计划转化为实际的流程，并系统、高效地执行计划。他能够完成需要完成的事情。
	凝聚者。是内部的推进者。他鼓励员工发挥自己的优势，并支持他们克服劣势。他理解人们，能够改善员工之间的沟通，并支持团队协作精神。
	外交家。能够建立对团队有用的外部联系。他是有创造性的调解人。他喜欢研究和汇报团队以外的想法、发展和资源，然后主持谈判。
	完美主义者。保障准确和准时的交付。当任务需要高度的准确性和专注度时，完美主义者是必不可少的。他把所有事情都看得很紧急，并且擅于遵循规则。

　　当然，专业能力也起着关键作用。贝尔宾团队角色模型不会引导人们仅仅关注员工的个性。如果团队缺乏某项专业知识，则无法通过团队角色的正确组成来弥补。

■ 关键在于组合

　　贝尔宾的研究表明，拥有全部八种团队角色的项目团队，有望获得最佳结果。即使只缺少了其中的一个角色，团队绩效也会显著降低。例如，对于缺少外交家的团队，在遇到问题后团队会很快陷入孤立无援的困境。如果再缺少智多星，那么团队通常很难在项目过程中克服出现的意外情况。

如果团队中有几个相同角色类型的代表，也会产生不利条件。例如，如果一个团队主要由智多星组成，那么虽然团队不乏许多好主意，但会缺乏行动和实施的主动性。仅由智多星和推进者组成的团队从表面来看可能很聪明，但观察者或实施者也有话语权的团队能够获得更好的结果。

谁跟我是一队的

在项目开始时，项目经理应仔细考虑，自己的团队应由哪些员工组成。需要哪些类型的人才？应具有哪些专业能力？这些能力的优缺点分别是什么？

接下来你应当自问，选定员工的个性和能力是否能够覆盖项目目标的所有重要方面。例如，如果一个项目涉及企业的不同部门，那么你的团队需要一名优秀的联络员（外交家），他了解所有部门并知道具体可与谁联系。如果团队通过该项目进入了一个全新的领域，则团队需要智多星及具有良好判断力的观察者。

不要照单全收

作为项目经理，如果你坦然接受事先安排好的员工，那么很可能无法组成最佳阵容。请不要轻易接受有"缺陷"的团队！尝试重新协商团队组成，并具体说明你认为有必要的改变。当然，起初这会招致不满，但长痛不如短痛。若在项目的后续过程中仍须更换员工，则代价会高得多。

如果在协商后团队仍存在缺陷，那么你应制定相关的方法。例如，若团队缺乏有创造性思维的智多星，则可使用创意方法。或者，若团队缺乏清晰记录和完善项目的完美主义者，则可使用任务清单。

生存技巧

◆ 谨慎选择你的员工。聘请必要的专家来负责相关的任务领域。

◆ 为你的员工创建独特的画像。这是防止候选人不适合团队的唯一方法。

◆ 与你的员工进行面谈。这样，你能对每个员工的外表和能力建立更深刻的印象。

◆ 仔细检查你的员工：最好的员工不是专家，而是团队专家。

◆ 注意团队的完整性和平衡性，以便员工通过各自的能力来相互支持。

◆ 如果团队的阵容有缺陷，请不要接受。请尝试重新协商团队组成。

2.5　对抗和权力斗争

　　——让我们看看，团队中谁有发言权

　　在项目开始时，员工会在团队中寻找自己的位置：我喜欢谁，不喜欢谁？我在团队中的位置是什么？每个人都在为自己的地位而战。结果是：已拥有一些出色专家的项目团队惨遭失败，因为不断的角色冲突、自我表现欲及斗争破坏了团队精神。

　　"他们让我抓狂！"再次被迫平息弗朗兹和让·保罗之间的争吵后，马库斯抱怨道。弗朗兹是团队的高级工程师，在团队中的地位很高；此外，他也比让·保罗更有经验。相比之下，让·保罗虽然很年轻，但在自己的专业领域已是绝对的大咖。双方都要求在技术问题上拥有发言权。弗朗兹感到恼火，因为其高级工程师的身份被怠慢，而让·保罗则因为自己的专业知识不被重视而感觉被冒犯。

　　竞争和微妙的权力斗争可能导致员工更加关注自我和名次，而不是实际的项目工作。团队会分裂成不同的阵营，人们的大部分精力都浪费在解决冲突上。尤其危险的是，项目经理任由紧张局势和权力斗争来"主导"团队。如果项目经理对此什么都不管，那么项目的失败几乎是注定的。

清晰且被所有人接受的层级结构是团队成功的最重要因素之一。但这样的层级结构不会自动产生。即使很乏味，项目经理也必须确保团队中的对抗和权力斗争不会阻碍项目工作。

◾ 论资排辈

随着项目工作被延迟，项目经理逐渐变得不耐烦。但这无济于事：非正式的层级结构对团队起着重要的作用，并且它需要一定的时间才能发展而成。像弗朗兹这样的人，在公司工作了很长时间并取得了许多功绩，与让·保罗这样的新人相比，通常能给其他员工带来更大的影响力。然而，让·保罗如果能成功地凸显自己的专业知识，那么从第一天起他就可对某些问题产生很大的影响。

这一过程几乎必然与对抗和权力斗争有关。对抗和权力斗争激起了员工之间的竞争，也可能起到鼓舞人心的作用。然而，过多的对抗和权力斗争对于团队和项目是极其危险的，因为它们束缚了团队的力量，并且导致员工忽视了实际的工作。

◾ 啄食顺序原则

在日常工作中，每个员工都试图在其团队的非正式的层级结构中占据一席之地，以抵御所有"攻击"。在层级结构非常扁平化的项目中尤其如此：啄食顺序几乎无法避免。它完全自主形成，而员工常常都不会注意到它的产生。例如，员工在开工会议上所展现的行事方式，就能够体现他的资历。

不可将啄食顺序与正式的层级结构混淆。啄食顺序更倾向形成一种心理网格，团队的感知和行为均以此为基准。团队中的每个成员都会下意识地评估其他员工的资历、地位和权力。

团队中的层级结构

通常，团队中有不同的组织原则，它们可以相互重叠和协同工作（见图 2-3）。若根据工龄排序，则优先考虑已为公司效力多年的员工。若根据年龄排序，则年长者排在年轻人前面。在具有创造性或生产力的环境中，最重要的是个人成绩——最佳贡献者排在不劳而获者前面。

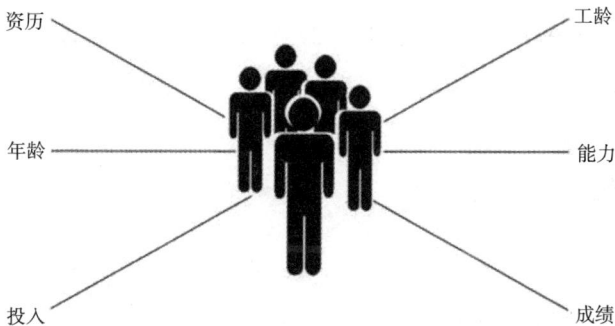

图 2-3　项目团队中的层级结构标准

每种层级结构本身都没有问题。若在一个项目团队中同时存在多种层级结构，则情况会完全不同。例如，团队既根据年龄排序，又根据能力或成绩排序。这样一来，资历和地位之争几乎不可避免。

建立啄食顺序

对于项目经理来说，建立可接受的层级结构可能是非常困难的。特别是在团队的组建期，各种争斗过程会导致员工将实质任务搁置一旁。在此阶段，项目经理通常也不会"毫发无损"，不得不面对尖锐的问题，有时还会受到可笑的攻击。现在要由项目经理来控制局势，而不能任由团队按啄食顺序发展。

1. 当所有员工都认可不同的层级结构时，一个良好的工作氛围由此产生。例如，在两名员工中，如果一名员工的工龄更长，而另一名员工具备特殊的能力，则两名员工可通过相互认可对方的潜力和尊重两种层级结构来结束争端。

2. 层级结构越不清晰，项目经理就必须越具体地限定结构，以便员工能确切地知道自己必须做什么。只有这样才能防止某员工在其他人的领地"偷猎"，或者不处理特定任务——因为他不将其视为自己的核心领域。

3. 对抗和权力斗争往往出现在未建立规则或角色分配不明确的地方。因此，项目成功的基本前提是明确的角色分配、清晰的职责范围及明了的沟通结构。

生存技巧

◆ 限制团队中的领导者数量，并始终防止出现对抗和权力斗争的苗头。

◆ 在项目开始时规定协作的目标和框架。建立规则并确定工作结构。

◆ 在团队会议中不断明确结构和方向。这可促进员工间的相互支持和共同发展。

◆ 无论你愿意与否，层级结构都会产生。但是，请确保这些层级结构不会阻碍团队协作。

◆ 将项目中的重要任务及相应责任清晰、透明地移交给一个员工，并维护其领导权。

◆ 请记住，只有从一开始就得到你出色的指导，团队才能取得最佳绩效。

2.6　做出重要的决策

——项目经理如何在团队中正确决策

项目中的大多数决策都是由员工共同做出的——只要所有员工都支持，事情就通过了。但是，如果员工在重要的决策上出现意见分歧，该怎么办？现在，需要建立一个所有项目参与者都接受的决策过程。

约阿希姆领导了一个大型项目，正面临一个重要问题：即使这一步面临很大风险，我们是否也应该敢于尝试并使用新的软件？显然，一旦失败，他会受到打击。由于担心被追责，他推迟了决策。对他来说，最理想的结果是由董事会做出决策。他的等待策略意味着，项目在接下来的几周将陷入僵局：团队不知道如何继续项目，失去了方向。

建立新的生产车间，增加或减少产品组合，调整流程，引入新的软件——项目常常涉及非常复杂且对公司产生深远影响的决策。事情越复杂，错误决策导致的风险就越大，时间压力也越大。

此外，大多数项目经理在做出深思熟虑的决策方面没有太多经验。无意识的偏见、信息和知识的缺乏或对数据的错误解读都可能导致错误决策，或者根本无法做出决策。这些情况都很常见。

在项目中，项目经理及其团队每天都会面临决策。很多决策通常是特别紧急的，并具有重大影响。项目经理应该与其团队一同做出重要的决策，以便每个员工都支持该决策。

并非每个决策都是重要的

好消息是，对于项目中的大部分决策，它们就像孩子们的游戏一样：

不需要过多的周旋，员工在几分钟内就可以做出决策。否则，仅考虑时间因素，众多的决策也将无法应对。

　　然而，坏消息是，在做出重大而重要的决策时，决策过程常要持续数天甚至数周。做出决策非常困难。而且，当最终做出决策后，对于决策正确与否的担忧往往也会持续存在。

◾ 谁应参与讨论

　　在项目中，决策通常是在团队中进行的。即使面对具有深远影响的决策，作为项目经理，你也应与员工一起寻找解决方案，然后尽可能地达成一致。无论如何，你都应让拥有不同职业经历、专业知识和目标的员工参与进来。另外，让不属于项目团队的同事参与讨论，也是很有意义的。这样可避免"盲目操作"，并确保能听到不同的见解。当然，无法为特定主题做出贡献的员工无须参与讨论。

第1步：界定问题

　　遗憾的是，在艰难的决策过程中，团队往往会进行无休止的讨论。你应首先通过精确地描述和界定主题来避免这种情况：哪里出了问题？为什么现在必须解决？什么需要讨论，什么无须讨论？目标到底是什么，如何衡量？需要确定的是，该决策应涵盖哪些方面。例如，在约阿希姆的案例中，就产生了一个问题：新软件的使用是否仅与部署的进度计划有关，还是也与软件的使用方法有关。

第2步：开发解决方案

　　在决策过程的第2步中，团队将在定义的框架内开发出多个解决方案。作为项目经理，你应确保参与者的最初意图只是收集想法，而不是对其进行讨论或评估。

第3步：讨论方案

　　在收集了多种解决方案后，你的团队可以在第3步中评估和讨论各种选项。每种解决方案都有各自的价值，需要仔细权衡。哪种解决方案最适合在第 1 步中定义的目标？什么是重要的，什么是可以放弃的？哪种解决方案有望取得最大的成功？例如，在约阿希姆的项目中，新软件应有助于减少维护成本，相较于自己定制的解决方案来说，这一点对于标准软件更为重要。

在开发出解决方案并权衡影响后，就可以开始讨论了。我们现在应如何做出决策？对于复杂的问题，你应留意与会人员提出的有力论据，以便真正弄清解决方案。你还应该让与你的或团队中大多数成员的观点对立的人员发表言论。理由充分的反对意见有助于澄清事实并帮你做出更好的决策。

第 4 步：做出决策

终于到了得出结论的时候。实践证明，从一开始就限制讨论时间是有用的，即对信息、评估和论据的讨论应在某一时刻结束。即使不确定性仍然存在，现在也应该做出决策了。

对于复杂决策的影响，人们很少能事先进行可靠的预测。因此，无法确保某决策的正确性。然而，许多项目团队对此并不清楚。他们不马上做出决策，而是当场采取行动。他们不断寻找新论据，以获得安全感。他们经常返回决策过程的上一阶段，开始新的研究，并希望找到更多的解决方案。因此，决策不断被延迟。

生存技巧

◆ 请避免单独行动，应与员工共同为所有问题寻找解决方案。否则，你将面临决策不被接受的风险。

◆ 请准确地界定问题：主要针对什么事情？应做出什么样的决策？这是防止讨论偏题的唯一方法。

◆ 请确保每个与会人员都能获得决策所需的全部信息。

◆ 当你寻找解决问题的方法时，请分两个阶段进行：首先收集想法，但不对其进行讨论和评估；然后让每个与会人员都发表自己的意见。

◆ 当局面僵持时，寻求妥协。但请确保各方都做出让步。

◆ 请表明解决方案对每个与会人员都很重要，因此每个与会人员都应支持该决策。这是确保解决方案得以实施的唯一方法。

2.7 以最小的力量前进

——项目经理应如何对待低绩效员工

项目经理经常要与绩效不及预期的员工打交道。这令人感到沮丧，尤其当人们不知道如何提及该话题时。此外，几乎在每个项目团队中都有低绩效员工！能够正确地与他们打交道是项目经理的必备技能之一。

早在开始阶段的项目会议上，科琳娜就已注意到几个员工，他们明显没有真正地参与会议讨论。但是总体来说，团队给人以积极投入的印象，因此项目经理决定暂时观望。她观察相关的员工，并收集绩效不佳的事例。

你也可以这样说：科琳娜浑噩度日，却希望项目仍然能够成功。当困难出现时才开始关注团队中的低绩效员工，为时已晚。项目经理必须花费大量的时间和精力来拯救项目。

如今，项目团队中低绩效员工对项目成功的影响比以往任何时候都更大。过去，项目团队通常还能够弥补单个员工的不佳表现。而现在，项目的工作量通常都很大，单个员工的投入不足，几乎无法依靠其他成员来弥补。因此，单个工作包的结果及最终的项目目标都很容易面临风险。

项目经理不应容忍因个别员工的自身问题而牺牲他人精力的情况。对此，项目经理应及早并迅速做出反应。由于应对不及时而采取过于严苛的行动并不能显示领导力，而很容易被看作无助的表现，并且会进一步加剧团队的不满。

■ 事先预防胜于事后补救

低绩效员工会带来重大的项目风险。因此，作为项目经理，你应尽一切努力在开始阶段的会议中识别这些员工。通常，在项目早期就有测试员工绩效或工作意愿的机会，例如，通过分配某些任务，使你得出有充分根据的看法。因此，请创建测试场景，以跟踪低绩效员工。然后迅速做出反应，以将损失限制在一定的范围之内。

在项目开始时与所有员工进行的一对一谈话，也被证实是有价值的。通过直接对话，你可以很好地了解员工的具体能力，而最重要的是，你可以了解员工对即将开展的项目任务的态度和积极性。

通常，仅通过几个有针对性的问题，就足以将对话引至对项目成功至关重要的要点上，从而识别该员工的可靠度。

■ 找出低绩效的原因

项目经理科琳娜的观望行为是很典型的。她首先观察低绩效员工，并收集其绩效不佳的证据。当"收集册"记满后，她会寻求与该员工的"澄清谈话"，并提供她观察和记下的所有内容。这样的谈话很快会变得不可收拾：指控与辩护接连不断（以解决方案为导向的行为根本无迹可寻）。

那么，替代方法是什么？在谈话开始之前，应证明相关员工确实是项目执行困难的"罪魁祸首"。因此，请核查该员工是否真的绩效低下。也许，整个团队都有问题（问题不在于单个员工的绩效低下，而是项目计划或工作流程有缺陷）。

即使员工的绩效低下是显而易见的，其原因也可能大不相同（见图 2-4 ）。因此，当你与低绩效员工交谈时，应找出其中的原因：

- 能力欠缺。员工无法正确完成项目任务，是否因为你对他的指导不够？或者此任务超出了他的能力范围？
- 意愿不足。如果事实证明该员工只是不想专心从事项目任务，那么你将以完全不同的方式"处理"该员工。
- 外部影响。员工也可能受到外部条件的制约。例如，该员工的职能经理也可能对他有额外的要求。如果因优先级冲突、利益冲突或工作流程冲突而影响员工的绩效，你不应责怪员工。

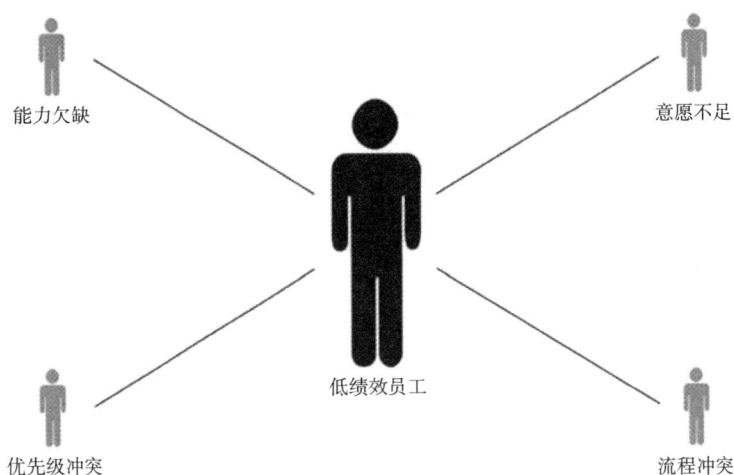

图 2-4　绩效低下的原因

不要陷入和谐陷阱

许多项目经理将员工绩效低下的问题搁置一旁，因为他们不想破坏与员工的良好关系。他们回避施加压力或进行指责——从而陷入和谐陷阱。在大多数时候，他们的问题是不知如何对待相关员工。当然，解决问题不能通过施加压力、指责或发脾气来实现，而应通过澄清谈话实现。一些员工谈话指南可以对此提供帮助。

员工并不总能注意到自己的绩效降低。在这种情况下，让低绩效员工意识到这一点是项目经理的任务：在与低绩效员工的谈话中，请将他的成果与商定的任务进行比较。应一同记录绩效低下的原因，并以此制定具体目标，从而提高绩效。

现在，员工被要求实现已定义的目标。作为项目经理，你应尽可能地支持他，并向他表明你一如既往地站在他身后。这样既能激励他，还能增强他的自尊心。

你应始终向员工提供反馈。如果他处在正确的轨道上，请予以认可并进行鼓励；但如果他应当有所改进，也要对其进行纠正。这是使低绩效员工重返正确道路的唯一方法。

生存技巧

◆ 在项目开始时，与所有员工进行一对一谈话。这样，你可以识别每个人的不足之处，以及项目可能面临的风险。

◆ 请识别低绩效员工！观望并期待问题自行解决是你能做的最糟糕的事情。不要让它发生。

◆ 从一开始就创建识别员工积极性和绩效的场景。

◆ 直接谈及有关绩效低下的问题，并通过直接对话找出原因。

◆ 对于低绩效员工，不要降低你的期望值，否则这会使优秀员工的积极性降低——团队的绩效水平也会迅速下降。

◆ 如果你找到了进一步合作的共同基础，那么你的任务就是尽力支持相关员工。如果缺少此基础，则应让相关员工离开团队。

第3章

开展对话
——项目经理作为沟通者

项目经理无权向其员工发号施令，这意味着他们高度依赖自己的沟通技巧。为成功推进项目，你需要担任沟通者的角色。最重要的是，作为项目经理，你应能快速了解事情的核心，让对话伙伴了解你的想法，并在必要时坚持自己的看法。

项目管理的新人很快就注意到了这一点：在突然之间，他们必须进行全方位的沟通——在咖啡角闲聊，在会议上进行讨论，向决策者做演讲。从字面上看，项目经理是项目的最终定调者。因此，确保有效的沟通对于项目经理来说至关重要。任何认为坐在办公桌前通过电子邮件就能控制项目的人，在不久后都会大失所望。

项目的成功需要明确的项目订单、有能力的项目经理，以及高管的支持。但是，如果员工之间不相互沟通，那么这些都无济于事。项目中的沟通活动常常被低估，但这可能是项目工作中起决定性作用的关键环节。项目经理只有能够以目标导向的方式进行有效的沟通，才有可能使项目走向成功。

项目经理通常缺乏通过行政命令推进工作的权限。因此，开展专业对话的技巧是项目经理最重要的工具。项目经理开展对话的方式决定了他是否能与员工建立良好的工作关系。此外，项目经理是否能向所有员工主张项目的利益也取决于他的沟通技巧。重要的对话是否成功或令双方都满意，常常在于细节之处。在本章中，你将学习如何针对不同的对话情景和对话伙伴做出灵活而真实的反应。这同时也表明：项目经理安全可以管理困难的对话情景，并最终达到期望的结果。

正确地争论。巧妙地进行争论，这始终是非常重要的。例如，当你想与指导委员会或高级管理层协商以增加资源，或者你需要获得对于行为方式变更的支持时。通常，仅凭好主意或出色的专业知识是不够的。为了说服甚至激励对话伙伴，还需要合理的方案、无懈可击的论据和充分的准备。第 3.1 节说明了如何执行这项操作。

达成我的心愿。项目经理必须坚持自我。毕竟，找到正确的路线并在各种困难下保持路线就是他的工作。因此，从根本上说，每位项目经理都希望拥有权威并赢得尊重。然而，你不仅要认识到坚持自我的价值，同时也要有用批判眼光看待问题的能力。那些坚持自我的人，常常被认为是强势和专横的。第 3.2 节明确说明了，你在必要时应如何展现"坚持自我"，以履行职责。

深入虎穴。项目经理是否能将其关注的事项传达给董事会或指导委员会，这在很大程度上取决于呈报的内容而非呈报的方式。在管理层看来，热衷于细节的专家或避重就轻者所做的演讲都很令人讨厌。因为这是问题的症结：领导层需要并且应该做出决策。一个没有为决策提供合理依据，而仅引起与会人员耸肩并发出"那又怎样"的演讲，是灾难。在第 3.3 节，你将了解到，如何使指导委员会参与的会议"燃"起来。

正确地进行对抗。有些人似乎天生就具有对答如流的天赋。其每句话都切中要害！为此，这些人赢得了很多人的敬佩。其他人则感到真的很难反驳，只能惊讶得说不出话来。当对方早已胜利离场时，他们才想出合适的回答。对答如流被认为是"以言自卫"，具体的实现方式是第 3.4 节的主题。

及时设定边界。项目管理是一项艰苦的事业。作为项目经理，你经常要面对日常压力，因此一次又一次地险些失去对全局的把控。比起其他行业，要想带领项目成功，必须要有一定的决心。这首先意味着你要在时间上设定边界：全神贯注于项目利益，不因任何事情分心，敢于说"不"，拒绝人情，拒绝对项目不利的建议。很多人觉得这样的行为很难持续。第 3.5 节将说明，你应如何做到这一点。

在项目日常工作中信守诺言。握手、商人信誉、君子协定——口头协议的表达方式有很多。例如，商业伙伴在面对面商谈的时候，通过强有力的握手来达成的交易是不可改变的。项目经理每天都会达成无数的口头协议。这种情形发生在线下会议、电话或视频会议中，有时甚至跨越了大洲、时区、语言和文化的障碍。如何确保在上述所有情形下都能真正适用口头协议？答案将在第 3.6 节中给出。

虚拟团队中的沟通。分布在不同地点的项目工作会带来额外的挑战。例如，一个员工在现场，另一个员工在家办公，还有一个员工被外派到中国、南非或加拿大。因此，在很多项目中，项目经理与员工主要以虚拟方式交流。这带来的挑战是，传统的管理工具不能简单地转移到电子邮件、电话或视频会议等虚拟媒介上；必须重新定义管理任务，重新设计熟悉的工作模式。第 3.7 节介绍了有关领导虚拟团队的关键事项。

3.1 正确地争论

——在关键时刻找到正确论据

项目经理必须日复一日地说服其他人，以争取支持或做出重要的决策。这需要好的论据——因为说服力不是魔术，而是巧妙论证的结果。

克里斯托夫有些垂头丧气。作为工厂项目的负责人，他再次尝试说服管理层，让项目经理参与日后的销售过程，却徒劳无功。

"特殊订单"一次又一次地落在克里斯托夫的部门，因为销售部门已经向客户夸下海口。同时，这些订单已让他的部门临时瘫痪。因此，克里斯托夫更希望项目经理从一开始就留意订单能否合理执行。但销售经理想尽办法防止这种情况的发生，并一次又一次地设法让管理层站在他这边。

如果要推动项目工作，项目经理几乎每天都必须与总经理、客户、其他部门的同事共同做出决策。例如，项目经理必须具有获批的解决方案。或者如果项目经理需要某位专家，他就必须说服相关部门的负责人，以便这位专家能够加入项目。

这些诉求当然是可以理解的，但项目经理总会有同样的体会：询问和争论渐渐消失，对话伙伴没有回应。项目进展急需的资源和决策都没有得到。

> 单凭好主意还不足以让人们对项目做出重要承诺。相反，你应提供合理的方案、无懈可击的论据和充分的准备。

良好的论证技巧对于项目非常有帮助。它使项目经理能够做到镇定自若，因为能言善辩展示了其自身的能力。为了真正说服对方，并从对方那里得到你想要的支持，不仅论据本身很重要，而且你展示论据的方式也很重要。

■ 标题——怎样才能获得关注

"我想和你谈谈……"凭借这样的开场白，你很难赢得对话伙伴或听众的注意。更好的方式是，起一个简明扼要、富有煽动性的标题，就像那些商业杂志所做的那样：标题要吸引眼球，引起兴趣，直奔主题。

克里斯托夫说："我们还有客户，这真是个奇迹。但他们肯定会慢慢地问自己，我们的右手是不是不知道左手在做什么……"

◢ 情景——问题是什么

现在，重要的是让听众愿意听你的论述。事实证明，首先对初始情景建立共识是很有效的：请你描述当前的情景，并找出问题的核心！你的听众应了解采取行动的压力有多大。

克里斯托夫说："我们的销售业绩是根据营业额来衡量的，因此对于达成交易非常感兴趣。这使销售人员不得已向客户夸下了海口，从而导致我们不断地接到开发新产品的特殊订单。因此，越来越多的特殊订单最终落入了我们的开发部门，并使我们的部门临时瘫痪。这是不应该的！许多特殊订单不仅毫无优势，反而还带来劣势。在某些情况下，我们不得不向客户复述很久之前就说服过他们的想法。"

◢ 影响——如果没有采取任何措施或采取了不正确的措施，将会怎样

你的对话伙伴可能已经了解了这种情况。他承认存在问题，但可能仍会误判其范围。现在，重要的是，要防止他故意将信息弃置一旁。

克里斯托夫说："我们的客户很生气。我们说服客户接受一些新产品，而这些新产品的订单最终不会给他们带来任何附加价值。同时，我们还占用了开发部门越来越多的资源。我们的员工必须不断地处理特殊的新产品订单，而不是从事真正的创新。"

◢ 目标——现在最重要的是什么

这样一来，你已经向你的对话伙伴强烈表明，继续毫不作为将是多么严重的事情。当前的诱惑是很大的，应立即提出建议的解决方案——毕竟，你已经忍耐很久了。尽管如此，还是值得稍等片刻。如果你先确定解决方

案的大致方向，就能进一步提高建议的成功机会。

克里斯托夫说："我认为，我们必须将开发人员的经验融入销售过程。"

◾ 建议——我有哪些具体的建议

现在，请提出你的建议——尽可能地简明扼要，但要有足够的细节，使之清晰易懂。此外，事实证明，参考已被普遍接受的观点是不错的主意。

克里斯托夫说："我们一致同意，目前的情况并不理想。因此，我提议……"

◾ 论据——该建议为我们带来了什么

你当然不能期望，听众会立即领会建议的精髓并为之欢呼。因此，请仔细论证。请为你的建议列举三个最重要的论据，并明确表达出来。清晰明了地表述第一、第二和第三个论据，比起毫无条理地堆砌一系列原因，更加有助于记忆。

克里斯托夫说："这里有三个很好的理由，第一……第二……第三……"

◾ 推荐——现在应做什么

最后，合上"麻袋"！毕竟，你的目标要通过论证来实现，无论是项目的批准，还是建议的支持或做法的认可。

克里斯托夫说："我们已经考虑过，未来的销售流程会是什么样子。如果你同意，那么右手也会再次知道左手在做什么……"

生存技巧

◆ 只有在引起听众的注意和兴趣后，才说出你的建议。

◆ 使用清晰的表达方式。将建议中的关键信息整合在一个有意义的句子中，并避免使用术语。

◆ 避免在问题戏剧化后立即提出建议。请首先确定寻找解决方案的方向。

◆ 专注三个最重要的论据，以易于理解、清晰明了的方式表达出来。

◆ 检查你的论据是否有漏洞。寻找反面论据，并思考如何进行反驳。

◆ 假设你的听众注意力不集中、缺乏耐心或想问题肤浅。要确保你的关键信息清楚易懂，能被有效传达。

3.2 达成我的心愿

——在对话中实现项目利益

若想成功守住项目经理的地位，则必须在紧急情况下捍卫项目利益并坚持自我。这也意味着，在面对重要的相关方时，要保持充分的自信心，明确地表达自己的想法，巧妙地进行谈判并说服对方。

销售经理兴奋地冲了进来：来了一个利润丰厚的订单，而且还获得了一个对项目非常感兴趣的新客户！对此，他的同事桑德罗只能忍气吞声。如果真的接受了此订单，他手头正在执行的项目就得推迟两个礼拜。计划的整个时间缓冲区将消失。若项目延迟，则项目计划将无法完成——根据合同规定，公司要承担相应的后果。这是一个高风险事件。下一步的行动计划将在与管理层的对话中阐明。桑德罗担心自己无法说服管理层放弃新客户。他抱着尝试的心态开始了对话，并很快落入不利地位。

当然，这一情况对于桑德罗来说并不容易处理。订单的利润丰厚，销售经理的脸上"挂着"欧元的符号。但作为项目经理，桑德罗应当坚持自我，并明确表明接受任务是极其轻率的；他应将放弃新客户作为唯一负责任的选择。只有这样，他才有机会与销售经理抗衡。然而，桑德罗的行为和许多项目经理一样，即在关键时刻没有坚持自我，并在重要的话题中屈服，从而危及项目的成功。

项目经理如果想获得成功，就必须能够克服阻力并赢得认可。这并不意味着你要不惜一切代价，或者实现所有诉求，而是要针对重要的事情。这需要一定的立场——坚持自我。

▪ 坚持自我的四大支柱

在项目中，互相对立的利益会不断引发冲突；权力博弈一次又一次地上演，这常常是"刀光剑影"般的。这时，只做好本职工作已经不够了。一些项目经理在这种情况下表现得较为轻松，而另一些项目经理（尤其是那些比较害怕冲突、渴望和谐的项目经理）在维护自己的利益时，对不可避免的冲突敬而远之。对此，坚持自我的四大支柱可提供宝贵的帮助。

支柱 1——明确的目标

如果你想在一件事情上做到坚持自我，有明确的目标是基本前提。你必须知道自己想实现什么目标。此外，你也应考虑如何实现这一目标。为此要采取哪些步骤？应当满足哪些基本条件？有了明确的目标，重点工作往往就会自己显现出来。你也能清楚地知道，在什么时候需要说"不"。实现目标的愿望给了你坚持自我的力量。

建议你向对话伙伴公开表明自己的目标。牌面朝下的"扑克牌游戏""剥夺"了对话伙伴接近你的机会，这通常会损害你的诉求。如果你的目标从一开始就清晰明确，你在讨论中也能更容易地坚持自己的目标，不必因之前的不清晰表述而不断地调整目标或将目标具体化。

支柱 2——回旋的余地

了解目标并表达明确立场是非常必要的。内心过于僵化就不可取了。如果你过多地限制自己的回旋余地，而你的要求又似乎无法改变，那么一次对话很快就会以失败告终。

因此，你应仔细确定，自己的要求究竟是什么，哪些妥协尚可接受，以及哪些底线不能动摇。请同时考虑，如果没有达到你的最低要求，会有什么样的后果。如果有必要，请在对话中指出这些后果，但不应以威胁的方式，而应抱着中立的态度，以免让对话的气氛变得紧张。

有一件事是很清楚的：你的对话伙伴也要追求自己的利益，会试图用他的论据来驳斥你的观点。请对他的反驳表示理解。这听起来似乎很矛盾，但恰恰是这种理解提高了对方的接受度。如果你想成功地坚持自我，就必须调整好对话的氛围，认真而饶有兴致地倾听对方。

支柱 3——内在态度

自信的人会明确地表达自己的态度，常常也带着一种让对方明白的理所当然："我根本不知道我们为什么要谈论这个，事情已经很清楚了。"遗憾的是，我们坚持自我的能力在多大程度上取决于这种自信的内在态度却很少谈及。内在态度体现在肢体语言、语调和信息内容上。如果外在和内在的态度不匹配，我们将被认为是缺乏说服力的。若像桑德罗一样怀疑自己的要求是否合理，则显得不太自信。

如果内在态度明确，威信和坚持自我的能力也会得到相应提升。为提升自己的威信，在对话前了解以下信息通常会很有帮助：我为什么提出了此要求？什么原因使我有权提出此要求？通过这种方式，你不仅可检查自己想要提出的论据，还可使自己在精神上预先适应讨论。

支柱 4——有分寸地坚持自我

当然，如果你突然表明坚决的态度，无论说"不"还是主动提出要求，都可能激怒对方。你必须接受这些。但是，这并不意味着你要固执、毫无顾忌地坚持自己的目标。在项目工作中，更重要的是在让步与坚持间保持艰难而重要的平衡。你不仅要学会坚持自我，同时还要能根据具体情况判断坚持自我是否有意义。

生存技巧

◆ 请做好对话的准备。如果没有准备就开始对话，那么无论你有多么自信，谈判成功的机会都近乎为零。

◆ 请直截了当、清楚明了地说出你想要的东西，从而表达出坚持自我的意志。

◆ 请清楚、准确地解释你的计划。你的计划越容易理解，成功实施它的机会就越大。

◆ 坚持自我的人能够在关键时刻说"不"，并坚持这一立场。如果你要坚持自我，就不要过于迁就。

◆ 既要有礼貌又要坚定，即使这并不总是那么容易做到。通达也能彰显性格优势。

◆ 请训练你的肢体语言！耸肩、步态不自信、缺乏眼神交流，所有这些都透露出紧张和不自信。

3.3　深入虎穴

——掌控指导委员会

每个重大项目都需要一个能做出方向性决策的机构。该机构有一个专门的名称——指导委员会。无论指导委员会的名称有怎样的变化，项目经理还是经常在会议上掉入"虎穴"。这在很大程度上取决于项目经理的表现。

"真是一盘散沙！"项目经理马库斯抱怨指导委员会的成员。会议持续了 3 小时，讨论无休止地进行着——没有结果，没有决策。马库斯的同事塔蒂亚娜对指导委员会的会议进程也同样感到不满，即便出于其他原因：项目经理报告了她的项目遇到困难，然后遭到了火力全开的批评。一些参会者使他们承受了巨大的压力。获得来自指导委员会的支持？完全没有！

惬意的茶话会、数小时的询问或无休止的专家讨论——这些都是指导委员会让人不能容忍的弊病。像马库斯或塔蒂亚娜等项目经理的愤怒是有道理的。项目经理与指导委员会间的关系并非是建设性的，而是紧张的。指导委员会希望看到结果，要评估项目经理的工作，并且经常向他们施加压力。突然间，项目经理唯一要关心的就是如何在"虎穴"中生存。指导委员会的实际职能——支持项目、提供指导及做出必要的决策——均被忽略了。

> 指导委员会有决策的任务；它应为项目设定方向，设置护栏，并承担相关的后果。项目经理必须尽力确保指导委员会能真正履行这些职责，从而为项目提供必要的支持。

■ 指导委员会的行为能力

指导委员会通常为特定项目而专门设立。通常，很多尚未在这种情况下合作过的高管们聚在一起。结果是，该指导委员会在最初无行为能力，因为每个人对指导委员会该如何有效地工作都有自己的想法。

建议项目经理在这种情况下积极进行干预——最好不要任由合作方式随着时间的推移随意发展。具体来说，这意味着，作为项目经理，你应该在第一次会议上就提出"议事规程"。"议事规程"不必是详尽的合同，提供决议权、代表权和决定形式等方面的一些书面协议就足够了。这样，你可以确保指导委员会的会议从一开始就有效，并且不会受到组织中各种矛盾的困扰。

■ "国情"报告

如何向指导委员会更好地介绍当前的项目情况，始终是项目经理面临的挑战。如果介绍很成功，这将使进一步的项目工作变得容易。这并不是要以一种特别积极的方式介绍项目情况。相反，这取决于自信的神情——无论项目的进展是否顺利。

请你尝试在报告中提及指导委员会感兴趣的或对项目进展至关重要的所有问题：

- 你如何评价项目当前的状态？
- 有哪些风险点和未解决的问题？
- 你认为，指导委员会必须了解什么？
- 指导委员会还能为项目提供哪些支持？

通过如实陈述情况来显示此项目已尽在你的掌握，从而建立与指导委员会成员之间的信任。但是，请避免粉饰情况，否则当项目在日后出现问题时，你会受到更密切的关注。

决策，决策，决策

指导委员会的任务不是传达信息，而是进行决策。因此，请事先考虑清楚，你想在指导委员会的会议上实现哪些目标，以及应该做出哪些决策。以下问题可能对你有帮助：

- 当前的情况如何？为什么需要采取行动？
- 需要做出哪些决策？
- 应该实现什么？目标是什么？框架条件是什么？
- 有哪些解决方案？各个解决方案有什么特点？
- 优势、劣势、成本、风险分别是什么？
- 首选的解决方案是什么？为什么选择此方案？

指导委员会是否能真正做出必要的决策，也在一定程度上取决于项目经理。项目经理有责任明确决策的紧迫性。例如，他可以在会议前为指导委员会提供便于决策的模板。

■ 良好的准备至关重要

通常，指导委员会由较为忙碌的高管组成，因此有效召开会议显得尤为重要。你需要从筹备会议阶段开始：设置你要实现的目标，并制定明确的议程。

无论是否有成员缺席，都应按时开始会议。会议需要纪律性。然后，按照你的时间表控制会议。请明确在哪些时间点，需要做出哪些决策，以及哪些要点仍需讨论。始终推迟所有与即将做出的决策无关的讨论，并指出讨论是否失控或危及时间表。这些工作也需要纪律性。

■ 记录指导委员会的成果

无论会议进行得如何顺利，如果会议后不执行决策或不履行承诺，都无济于事。忙碌的高管常常忘记他们在会议上达成的共识。决策再次受到质疑或需要重新阐释。这种行为是不好的，但你必须考虑到（这种情况对项目的进展非常不利）。

因此，你应在会议期间记录决策（通过笔记本电脑实时记录，或者借助现有的活动挂图）。现在，没有人可以在离开会议室后又声称自己一无所知。在会议结束时，会议纪要也需要同步完成。

> ### 生存技巧
>
> ◆ 确保指导委员会能够采取行动。约定议事规程，并做好书面记录。
>
> ◆ 认真准备每次会议。将会议当作你的舞台。你已成为众人瞩目的焦点——你可以展示如何自信地掌控项目。
>
> ◆ 帮助指导委员会执行最重要的任务，即做出决策。为此，请提供良好的决策模板。
>
> ◆ 让指导委员会的成员知道大家的期望。这样，你就能为会议做好充分的准备。

◆ 提前让指导委员会的成员做好准备，尤其是对于坏消息的准备。

◆ 确保在会议期间批准、记录和签署重要的决策。

3.4 正确地进行对抗

——对答如流，反驳所有愚蠢的说法

项目经理的某些行为常常使自己不受欢迎，这往往是问题的本质。言语攻击和人格侮辱是不可避免的。这时，很多人想用恶言进行反驳——这可能很快使对话气氛进一步恶化。重要的是，你要迅速阻止言语攻击和人格侮辱。

卡特琳娜向指导委员会展示了一个解决方案，她和她的项目团队为此投入了大量的时间和精力。在她提出这个解决方案后，指导委员会中的一个人说："那是纯粹的理论，你演讲的内容不切实际。"卡特琳娜感到困惑。她沉默不语，一时想不出合适的答案。但是，这使她处于糟糕的谈话和谈判状态。

像此案例中这样的格言论证，通常像重量级拳击手一样突然将你击倒。你很难预见这种突袭，它的力量也无法预料。当对话伙伴或参会者向我们表达这样的观点时，我们的反应就像卡特琳娜一样：困惑而无语。巨大的危险在于：如果我们在这种情况下沉默不语，就会处于下风——"攻击者"往往成为对话中的赢家。

格言论证的效果令人震惊。它们不提供事实或依据，但可能非常有"杀伤力"。项目经理应能迅速阻止此类言语攻击。

◢ 典型模式：撤退或攻击

当我们像卡特琳娜一样面对格言论证时，我们会本能地倾向防守。在惊愕甚至恐惧中，我们退缩了。但这样一来，我们就把主动权留给了对方。而对方没有援引任何一个有意义的论据，就赢了。

一个典型的反应是马上反击：我们要用同样的方式"打击"对手。但在这种情况下，冲突有可能升级。如果卡特琳娜这样回答："你就是想说话而已。你知道什么？日子一长，你就会说很多话……"双方就很难进行客观的讨论。

在面对攻击的情况下，撤退或反击都是典型的反应模式，两者都具有很高的风险。

◢ 幕后观察

如果发生言语攻击，我们应该有意识地、果断地做出反应（要冷静和客观）。这有两种不同的情况：

- 在第一种情况下，你的对话伙伴将格言论证当作战术武器。他想让我们脱离原定计划，以使自己获得优势。
- 在第二种情况下，你的对话伙伴表现出的可能是无意识的行为。这主要是因为他自身承受着很大的压力。其消极的态度是由于他自己的情况所致，与我们所说的内容无关。

◢ 攻击与防御：回击

我们应像击剑手那样使用优雅的方式以锋利的剑刃来应对格言论证。现在，你需要的是回击（德语为 Riposte），即对格言论证的立刻反击。

这说起来容易！实际上，我们经常经历一开始无言以对的情况。例如，在卡特琳娜的案例中，她在会后很久才想到合适的回答。尽管如此，有些回击方式是很容易记住的，并且在许多情况下可以做出明智的反应。

揭示对手的可笑。一种行之有效的方式是揭示对手的可笑。卡特琳娜针对不切实际的指控，可以这样回答："是的，我几乎没有实践经验。毕竟，我只从事了十年的工作。"这样，她可以让对方换位思考，但也会面临公开对抗的风险。当然，具有讽刺意味的陈述很容易在双方情绪激动的情况下引发对抗的升级。

熟练地将球踢回去。一种风险较小的方式是熟练地将球踢回去。在卡特琳娜的案例中，对话可以按如下进行："施密特先生，基于我的经验，我有不同的看法。你认为不切实际的是什么？"卡特琳娜在提出问题后可将对手置于防守端，因为对手必须先公开表达自己的观点。与此同时，她还争取了一点时间来思考接下来该怎么做。施密特先生现在详细描述了他的担忧。对此，卡特琳娜补充道："好的，我明白了。那么，你的担心是……要使我的解决方案正常工作，应该做些什么？"这时，卡特琳娜的对手终于要做她想让他做的事情——真正考虑她的建议。为了不在其他与会者面前丢脸，施密特先生只好认真参加讨论了。

忽略言语攻击。有时，仅仅忽略言语攻击就足够了。如果卡特琳娜知道施密特先生对指导委员会的影响不大，她可以干脆保持冷静并继续演讲，当作什么都没发生。她应不动声色，甚至不看质问者一眼。但是，只有当你能够控制自己的情绪时，我们才建议你运用忽略言语攻击的策略。否则，对话的声音会变得更加"尖锐"，与会人员却不知道我们为何突然如此愤怒。

进攻是最好的防御。有时，进攻也可能是最好的防御手段（例如，当对手反复打断你的演讲时）。就卡特琳娜来说，可以这样回复："施密特先生，我的感觉是，你尚未完全理解我的阐述。如果其他同事也同意，我很高兴为你重复我的建议。"当然，随着这句话的说出，项目经理走上了对抗路线。但这不是总能避免的。

直言不讳。讨论有时会无休止地进行，因为对手显然不愿意公开表达观点，并清楚地解释拒绝建议的原因。在这种情况下，你应直言不讳："你拒绝我的建议是出于专业原因，还是个人原因？"

■ 避免受伤和留下疤痕

如果攻击不是有针对性的，而是对方下意识且没有恶意地表现出攻击性，那么正确的反应是在会后进行一对一的对话。在这种情况下，卡特琳娜应在私人对话中明确表示，她认为这些言论具有贬义："施密特先生，你所说的话给我戴上了'什么都不懂'的帽子。"也许，对方会感到震惊并道歉。

生存技巧

◆ 列出客户和管理者最常使用的格言论据，并考虑适当的答复和反应。

◆ 当对话伙伴向你进行言语攻击时，先深呼吸两三次。否则，你将迅速使自己陷入不利的谈话状态。

◆ 在你做出反应前，请确定你的对话伙伴是否在对你进行人身攻击。最终，你只能在特定的情况下选择适用的方式。

◆ 保持客观，然后将球踢回去。对格言论证提出质疑，并迫使对方公开发表观点。

◆ 迫使对话伙伴证明其异议或评价的理由，并理智地对待你的建议。

◆ 仅在你确信对抗是不可避免时才进行反击。

3.5 及时设定边界

——正确对待说"不"

许多人，包括很多项目经理在内，都倾向说"是"而非"不"。其后果可能是毁灭性的：对于要求和变更请求，那些在项目中一味顺从的人会被琐碎小事耗费大量精力，并受制于外部因素，最终危及项目目标。这反而说明：想在项目中取得成功，有时就必须说"不"。

迪尔克被雇来管理一个推广项目。项目的周期长、日薪高——实际上是一个很棒的项目。但是仅过了一周后，项目经理就开始抱怨了。迪尔克突然意识到自己参与了太多事情：推广要在多个大洲同时进行，而且他还受到本地服务提供商的控制……迪尔克应该怎么做？另外，基于这样的日薪水平，他真的可以说不吗？

嘲笑者认为，项目经理在一生中最应该说的、同时又最不常说的就是"不"。当然，时不时地让项目中的相关方感到高兴也很重要。但是到了某个时候，有必要划清界限——保护自己和项目（见图 3-1）。如果你经常说"是"，则会危及项目的成功，也就是说你负担的任务数量超出了你和团队在项目范围内能够处理的上限。

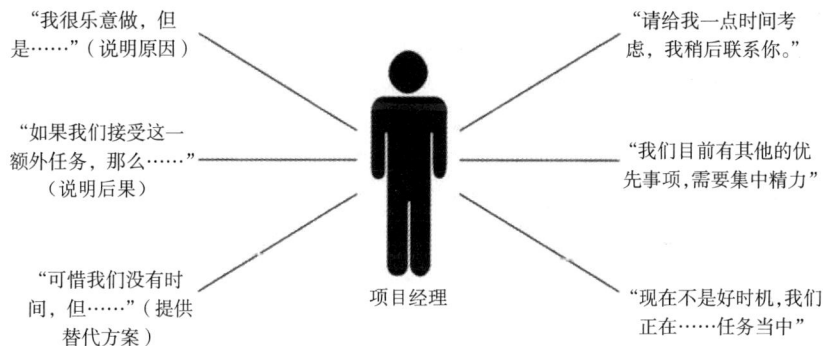

"我很乐意做，但是……"（说明原因）

"如果我们接受这一额外任务，那么……"（说明后果）

"可惜我们没有时间，但……"（提供替代方案）

项目经理

"请给我一点时间考虑，我稍后联系你。"

"我们目前有其他的优先事项，需要集中精力"

"现在不是好时机，我们正在……任务当中"

图 3-1　在必要时如何说"不"

项目经理最重要的能力之一就是在关键时刻说"不"。作为项目经理，请你不要总被他人利用！

欢迎进入恶性循环

有时候，为了避免发生冲突，人们很愿意通过简单地说"是"来解决问题。但是，一旦有了"唯命是从"的名声，就很难再摆脱了。然后，表明明确的态度或拒绝都将变得越来越困难。恶性循环正在开始——项目团队将很快面对大量无法完成的任务。

■ 恐惧是你的对手

我们仍然有被别人喜欢的原始愿望。（对于尼安德特人来说，被他们的族群接受是至关重要的。）此外，我们仍然本能地需要别人的喜欢，就像我们需要空气来呼吸一样。

当然，我们现在知道，这不再与生存有关。但是，这种信念在今天仍然存在，只是形式改变了。"现代"版本是，其他人对我们的看法很重要。我们担心不良的后果，担心可能发生的冲突——这会让我们良心不安。因此，当你的老板或其他重要的相关方提出请求时，你的第一反应就是接受。

■ 说"不"的诸多方式

当然，明确地说"不"在理论中比在实践中更容易实现。但是，有一些行为可以使你更加轻松地在正确时刻保持强硬。例如，对外部环境和权限的援引被证实是有效的："我们确实想为你提供帮助，但是，你知道，下一个项目阶段的截止日期指日可待。这是我们目前的优先事项。"

或者，你可以简单地回答："现在不是好时机。"当你面对问询，并且你的项目已有大量待办事项时，请尝试使用此答复。通过这种方式，你可以表达基本的帮助意愿，但同时又清楚地表明，你和你的团队现在根本没有时间。

请抵制立即答复的冲动，不要不假思索地答应对方。如果你不确定是否要同意，请花些时间思考："请给我一点时间考虑，我稍后与你联系。"延期答复可帮助你弄清自己的优先事项，并在必要时为说"不"做准备 。

作为专家，你可能也要面对问询，这通常也可进行委派。只要提及一个同样熟悉该领域的同事："由于我目前很忙，你也许可以向穆斯特曼先生寻求帮助。他比我更了解该领域。"

◾ 避免长篇大论的解释

长时间解释拒绝的原因，可能引发无休止的讨论。此外，这还有留下软弱印象的风险，即不得不道歉或辩解的印象。然而，有简短原因的拒绝，比没有原因的拒绝更加礼貌。例如，你可以说："我想这样做，但是……"

对于客户项目，"还盘"有时是个不错的选择。你虽然拒绝了该请求，但同时提供了其他解决方案。如果客户拒绝还盘，那么你将处于优势地位。这样，明确的拒绝变得很容易。毕竟，你提供了一个解决方案，只是对方拒绝了。

◾ 用明确答复应对固执

如果对方特别固执，那么你应当给出一个明确的答复。直接指出他的明显用意："你似乎想用尽一切手段，让我接受这一任务？对不起，我不会接受。"

生存技巧

◆ 找出你在某些情况下难以说"不"的原因。这一步骤对后续的应对至关重要。

◆ 确定优先级。如果你知道什么对你很重要，就能够明确表态。如果你不知道什么对你很重要，就会过快地回答"是"。

◆ 如果你不确定要不要接受任务或给予帮助，请给自己一些考虑的时间并回复对方："请让我考虑一下……"

◆ 认清对方的"操纵"企图，确定是否存在故意利用无助、压力、奉承或内疚感，让人说"是"。

◆ 明确说明你在特定情况下将为说"是"付出的代价。当后果摆在桌面上时，拒绝对方的请求通常会容易得多。

◆ 训练自己以优雅的方式说"不"。保持礼貌、随和、自信。

3.6 在项目的日常工作中信守诺言

——如何确保协议中的承诺得到遵守

典型情况： 快速、仓促地讨论当前的项目状态，并口头决定之后的步骤。但是，接下来会发生什么呢？在过了很久之后，往往什么也没有发生——约定的协议似乎被遗忘了。接下来的问题是，作为项目经理，你如何确保口头协议得到遵守。

梅兰妮难以理解。在两个月前，梅兰妮与职能经理曾进行了无休止的讨论，最终与对方达成了一致，由该负责人雇用一名员工参加该项目，并对新推出的软件进行验收测试。测试应该从当天开始，但是项目经理刚刚得知，该员工对他的工作一无所知，并且在短期内也没有时间熟悉工作。完美的烂摊子！各方之间的沟通演变成激烈争论和相互指责。

梅兰妮陷入了一个在项目中屡屡发生的情况：她过分依赖一项未被遵守的重要协议。结果是，协议没人关注，她被引到错误的方向——被推到一边，被误解或被利用。指责无济于事，最终只能成就一件事：使战线变得更加"残酷"。

> 作为项目经理，你会不断达成各种协议，也伴随着协议不被遵守的风险。因此，你必须采取预防措施，以确保已达成的协议得到遵守。

■ 日常工作中的协议

在日常工作中，重要问题经常被仓促地讨论。人们交换有关最新发展的信息，或者快速讨论项目状态，并就如何推进达成一致。或者，与梅兰妮一样，你与职能经理约定员工的招募事项，并由职能经理提供员工。或者，你可以让员工同意最后期限。又或者，你可以确定供应商的交货日期。简言之，处理协议是项目经理的日常工作的一部分。

大多数的这种协议是建立在相信"无须对此多说"的基础上的。然而，这种做法会带来风险，即对话伙伴在之后可能记不住任何东西。因此，原则上建议始终以书面形式来确认口头协议。有关协议的一些注意事项见表 3-1。

表 3-1　协议的注意事项

协议的前提
● 各方须同意该协议。协议是通过双方协商而达成的。
● 业绩与回报之间的关系必须正确。代价和相互期望必须公开透明，并为所有人所接受。
● 所有与会人员都必须能够理解协议的内容，拥有工作能力并承担责任。

只有当我们拥有同样的想法时。梅兰妮事后意识到，职能经理和她谈话时偏了题。梅兰妮详尽地叙述了职能经理的合作义务，但对方显然没有真正理解她正在努力实现的目标。因此，职能经理并没有继续关注此事。

显然，只有当双方真正拥有同样的想法时，才能达成可靠的协议。因此，在进行谈判时，请注意不要偏题。可靠的协议的特征在于，有关各方可以准确解释他们的意图，并且各方可以就协议的确切含义达成一致。

只有当意见一致时。只有当意见一致时，达成的协议才是可靠的。协议必须对双方都是有意义的和现实的。在理想情况下，每个与会人员都对协议感到满意，并能够从协议中有所收获（每个与会人员都能表明，协议对他们来说是值得的）。只要有一个与会人员持怀疑态度，该协议就可能不太可靠。

只有当双方都愿意时。只有当双方都愿意时，协议才能起作用。与职能经理交谈时，梅兰妮应该已经意识到对方的反应有多么犹豫。最好的办法是，公开与他交谈并澄清，而不是相信对方敷衍了事的承诺。

避免把协议强加给你的对话伙伴，或者试图说服他们这样做。像"是的，是的，我会尽力"这样的承诺没有什么价值。有时，你更有可能使对方陷入被动抵抗，而不是遵守承诺。

▪ 提防命令

将可与对方协商的协议与没有协商余地的命令区分开来。因此，请检查：这件事真的可以商议吗，或者这是一个不容讨论的要求吗？如果是后者，则属于官方命令。你无法违抗命令，请避免与不是对手的对手谈判！

▪ 遵守协议

如果协议没有被遵守，那么重要的是解决该问题。这在原则上适用，在项目工作中尤其如此：作为项目经理，你与相关方达成了大量协议，你必须确保参与项目的每个人都切实遵守这些协议。如果他人无法遵守协议，那么只有对抗能有所帮助。否则，项目参与者将在短时间内达成默契：我们不需要遵守该项目中的协议！

当协议的基础发生了变化时，例如，添加了新的方面和见解，你必须快速做出反应：重新达成新的协议，并尽快征求对方的同意。

生存技巧

◆ 协议代表你的承诺，代表你的可靠性和品格。因此，请遵守你的协议。

◆ 检查双方是否真的拥有同样的想法。在谈判时，请注意不要偏题。

◆ 检查双方是否真的愿意达成协议！如果对话伙伴之一对此犹豫，你应该公开发言并加以澄清。

◆ 如果协议未能得到遵守，请与相关人员进行交谈。否则，你必须考虑到，其他人也会不遵守协议。

◆ 请记住，对于无法协商的协议，它可能属于官方下达的命令。不要混淆！

◆ 始终以书面形式记录重要的口头协议。通常，一封简短的非正式的电子邮件就足够了。

3.7 虚拟团队中的沟通

——基于计算机协作的陷阱

跨地域的国际化项目和远程协作给许多项目经理带来了特殊的挑战。尤其是在通信方面：电子邮件、电话或视频会议等传统的管理工具不能简单地转移到虚拟媒体上。

"该死，"马蒂亚斯大喊大叫，并将电话听筒狠狠地扣上，"他们难道不能相互交谈吗！？"这位项目经理很生气。他的员工显然在办公桌前磨洋工，几乎无法高效协作。马蒂亚斯必须确保团队沟通在一定程度上正常进行。他的工作是领导"虚拟团队"，他必须认识到：如果员工几乎从未见过面，那么就很难建立归属感。每个人都会做需要做的事情，却不了解全局，没有团队协作意识。

项目团队的失败大多是由沟通不顺畅或不足造成的。如果产生误解，信息就无法传递或出现错误，冲突也可能因此爆发。若员工在虚拟团队中工作，并且彼此在空间上是分散的，则项目的风险尤其高（员工之间很难直接进行联系）。因此，每名员工对团队和项目目标的认同感很弱——这反过来又影响了员工的积极性。

在虚拟团队中，项目经理的任务是借助技术手段领导其团队。这是一项真正的挑战。研究表明，有许多虚拟项目团队均无法成功协作并实现项目目标。

沟通是最重要的任务

建立虚拟项目团队在许多企业中已成为常态。诸如"居家办公""全球协作"之类的术语早已为人们所熟知。但是，日常项目工作中的虚拟协作通常只能发挥有限的作用。当员工在同一建筑物的不同楼层工作时，就会出现一些问题。当不同的语言、文化背景和时区等因素加入时，协作会变得更加复杂。

沟通方式和重要规则

电子邮件始终是虚拟团队中最常见的沟通方式。但是，当不是为了简单地通知某事，而是协同工作时，仅通过电子邮件进行沟通就非常困难了。邮件泛滥不仅烦人，而且还增加了误解的风险。

与电子邮件相关的案例表明：为了有效地开展项目工作，重要的是，应了解和利用不同沟通方式的优势。例如，沟通结果可以用电子邮件记录，协议可以用电子邮件存档（否则，这些在电话中约定的内容很容易被遗忘）。但是，电子邮件不适合用于讨论。因此，项目团队应该制定相关规则，以确定哪些内容可通过电子邮件传达，何时应采用电话沟通，以及哪些内容可等到下一次团队会议时再讨论。

亲自见面和非正式交流

如果员工几乎从未见过面，就很难培养归属感。咖啡机旁的闲聊缺失了。直接去对面的办公室询问进展是不现实的。通常，没有事情会像你想的那样顺利。虚拟团队缺乏将员工凝聚在一起的人际交往。共同的聊天群或每周一次的 Skype 会议不足以将分散的员工凝聚在一起，形成一支高效的团队。

因此，作为虚拟项目团队的项目经理，你负责为非正式的沟通创造机会。面对面沟通（尤其是在新的工作关系开始时）在虚拟团队中起着重要作用。员工只有相互认识，才能建立信任，才能知道对方的行为方式，并正确评估指示或问题。

◼ 信任是重要的工作基础

在领导虚拟项目团队时，建立信任是最困难的问题之一。作为项目经理，如果你不亲自与员工见面，怎么能建立信任呢？你怎么才能确信，员工确实全身心地投入该项目呢？某远程工作的员工是否在积极参与其他任务？或者他是否在家清洗洗衣机而非坐在办公桌前？或者他是否比平时更多地上网冲浪，还和朋友聊天……这些问题都是需要考虑的。

作为项目经理，你要在盲目信任与不信任的微观管理间寻求平衡。你越积极地使用诸如工作时间控制或屏幕监视之类的控制机制，员工试图欺骗或操纵监控的创意就越多。相反，你投入的信任越多，你就越可以期待员工将努力工作以回馈这种信任。

◼ 需要具有数字亲和力的员工

并非每个人都同样适合在虚拟团队中工作。一方面，虚拟团队中的员工需要具有数字亲和力。那些在网络会议和数字通信工具方面苦苦挣扎的人，应该在经典项目中工作（能够与同事们面对面）。另一方面，虚拟团队中的员工必须能够并且愿意独立工作，这意味着他们应具有高度的主动性。

若虚拟团队的员工在办公桌前艰难度日，则他们几乎无法有效协作。因此，作为项目经理，你在选择员工时应注意数字亲和力：仅当所有员工都愿意经常互相交流时，项目才能成功。员工应能通过聊天软件或使用WhatsApp 与同事保持联系，并从中获得乐趣。

生存技巧

◆ 在组建虚拟项目团队前，请进行自我检查。如果你想带领员工面对面沟通，那么你在虚拟团队中将不会感到高兴。

◆ 在选择员工时，请确保你能找到具有高度主动性并乐意与同事密切联系的员工。

◆ 为虚拟团队中的非正式沟通创造机会。与同事闲聊是真正获得归属感的基础。

◆ 争取让员工可以定期见面。将所有员工聚在一起虽然代价不菲，但这一投入是值得的。

◆ 为不同的沟通方式建立规则。例如，确定可通过电子邮件讨论的内容，可通过电话讨论的内容，以及可在团队会议中讨论的内容。

◆ 确保设备正常工作。如果设备失效，那么虚拟团队将无法正常工作。

第4章

争吵是万事之源
——项目经理作为冲突解决者

冲突是项目日常工作中的一部分。冲突一旦升级，可能带来高昂的代价。冲突会耗费精力、时间和金钱，在极端情况下还会导致项目中断。因此，项目经理必须始终担任冲突解决者的角色，并知道如何及时识别和化解冲突。

高声讨论、冷嘲热讽或沉默不语——冲突会以不同的方式呈现。冲突可能由多种原因造成，而且无处不在。在人们共同生活或工作的地方，总会存在对立的想法，而冲突往往来源于此。

在项目管理中尤其如此，因为有关项目的冲突似乎是个永恒的主题。员工追求不同的目标，通常在开工会议上才相互认识，却要尽快从无到有地开展协作。此外，项目还面临时间压力，这使其很容易受到冲突的影响。角色、职能和能力的不明确，以及被误解的项目目标，也都会引发冲突。因此，在项目中存在很多争论，无论是关乎实际问题，还是两个同事之间的对抗。

对于项目成功来说，至关重要的是，通过明确的公告和有远见的行动来避免冲突，或者在已发生冲突的情况下管理和化解冲突。首要目标应是阻止冲突升级，不让其危及项目目标（在最坏的情况下，冲突可能导致项目终止）。在本章中你将了解到，项目经理应如何在发生冲突的情况下正确行事，以及如何找到化解冲突的方法。

危险的和谐。这是"走钢丝"的过程：如果项目出现了错误，作为项目经理，你对负有责任的员工过于苛刻，那么你可能面临对方的拒绝甚至对方离开团队的风险。你一定要避免这种情况，因为你需要他的合作。但是，避免冲突或根本不谈论错误，都会逐渐削弱你的权威。然后，你需要为团队中的和平表象付出高昂的代价。第 4.1 节说明，为什么项目中的过于和谐会成为陷阱，以及如何进行有建设性的批评。其中的挑战在于，如何在不破坏工作氛围的情况下提出批评和意见。

将冲突升级而不是屈服。如果员工无故离开会议，或者未交付约定的工作包，你作为项目经理将如何应对？一些项目经理选择屈服，另一些则提出指责——这使气氛变得沉重，通常也起不到什么作用。这两种应对基本上都表明，作为项目经理，你已经达到了影响力的极限。如果这样做的后果是项目进度受到威胁，那么只有一条出路：有针对性地升级冲突。这需要一个结构化的过程，你将在第4.2节学习该过程。

剖析冲突。冲突可能在某个时刻升级并严重阻碍项目工作。在这背后隐藏着一种动态，这对于受影响的人来说是很难理解的。奥地利冲突研究者弗里德里希·格拉斯尔曾经这样恰如其分地表述这种动态："一开始还是人控制冲突，后来则是冲突控制人。"在他的"升级层次模型"中，他对冲突进行了剖析。你将在第 4.3 节中学习如何识别冲突过程中的负面动态，以及哪些元素在逐步升级的冲突中仍有帮助。

一切都从无害开始。员工之间的冲突通常是缓慢开始的，因此也常常被忽视——但是会带来很多问题。最大的问题是，冲突有加剧和升级的趋势。而且，如果两个员工互相攻击，那么这将很快影响整个项目。而且其他员工也可能被卷入争端，项目所受的损害将越来越大。第 4.4 节说明，作为项目经理，你应如何对冲突做出迅速反应，以及如何成功进行冲突讨论。

激发而非调解。许多项目经理认为，他们无论如何都应避免冲突升级。为了化解冲突，赔偿和调解始终是合适的方法。但是，赔偿和调解有时会失败，或者代表了更糟糕的选择。有时，有意识地火上浇油甚至可能有所帮助。所以，进行有针对性的冲突激发是更好的策略。在每次冲突中，重要的是要考虑哪种做法更有意义。在第 4.5 节中，你会了解到在什么时候有意激发冲突比在双方之间进行调解更有效。

不惧怕经理人。应对经理人的古怪念头并无良方。作为项目经理，你通常不仅要与一位老板（或你的客户）打交道，而且还要与其他各种经理人打交道。另外，并不是每个人都是你想交好的类型。为了与难对付的人打交道，好的建议通常也代价高昂。在第 4.6 节中，你将获取有关如何与性格独特的经理人打交道的提示。

突然成为替罪羊。一些公司更愿意寻找责任人。如果员工不敢承认错误，并且老板倾向将责任推给员工，那么无辜的人很快会成为替罪羊。在这种公司文化中，如果项目不再顺利运行，项目经理会立刻陷入无休止的批评中——即便他们没做错任何事情。第 4.7 节说明，在这种情况下项目经理应如何摆脱被转嫁责任的困境。

4.1　危险的和谐

——和谐氛围如何危及项目成功

对于许多项目经理来说，对员工进行批评是一项不愉快的任务。他们难以向员工指出其不当行为——担心员工对此不理解，或者为此无休止地辩护。因此，项目经理推迟了这种应有的谈话，和谐陷阱便随之而来。

项目经理托马斯在他的项目中遭遇不快。他的一名员工向客户做了演讲。由于准备不足，演示文稿的某几页上包含了错误数据。客户抱怨道："托马斯根本不可信赖。"托马斯早就注意到该员工不够可靠。他还感觉到，该员工的行为加重了项目协作的负担。其实，托马斯很清楚，有必要对该员工进行批评。但是，他更希望避免这种对话。

许多训练有素的项目经理都能通过系统的方式来避免冲突。他们依靠优秀的技术和方法论，避免无关的冲突。夸张地说，他们认为团队就是抱团的小组。这是一种危险的想法。团队协作并非成功的保证，每个团队都无法避免冲突，项目经理始终面临着在冲突的情况下发挥权威的任务。

> 冲突通常无法自行化解。相反，如果我们不谈及有问题的行为，那么，项目经理将丧失在紧急情况下迫切需要的权威。

▗ 关于和谐的价值

项目经理为什么避免对抗而争取和谐？其主要原因可能在于：他们担心与员工发生争执的负面后果；他们担心出现令人生畏的可怕场景。他们认为，如果发生冲突，他们一定会付出高昂的代价。而如果他们优先选择和谐，就会产生积极的影响（见表 4-1）。因此，他们倾向和谐，而非陷入对抗。他们退后一步，避免对当事人进行应有的批评。

表 4-1　对抗的代价与和谐的影响

对抗的代价	和谐的影响
• 我的权威受到威胁。我可能失去团队的认可。 • 我可能对员工表现得过于专制甚至无情。 • 我可能使自己不受欢迎和喜爱	• 工作氛围良好，员工在团队中感到舒适。 • 员工认为我很合群，很容易相处。他们很喜欢我。 • 员工对我冷静、谨慎地处理冲突的方式十分赞赏

这种观点很难经受现实的检验。尽管如此，它决定了许多项目经理的行为。如果被这些观念所误导，和谐陷阱将再次降临。

◼ 和谐陷阱的真实代价

如果托马斯不谈及员工的不当行为，那么这种粗心有可能像疾病一样蔓延，就像这句格言说的一样："如果他允许这种事发生，那我也可以……"此外，一名员工的错误行为会持续影响团队的凝聚力。团队的积极性下降，因而生产力也下降。

托马斯渴望被所有人喜爱，却很快适得其反。员工将托马斯的友善阐释为缺乏解决冲突的能力和缺乏魄力。这样一来，他就失去了员工的认可和尊重。毫无疑问，托马斯因害怕对别人进行批评而付出了高昂的代价。

◼ 批评导致冲突升级

结论是什么？如果由此得出终止和谐和强烈呼吁对抗式领导风格的结论，那肯定是错误的。应在不损害和谐的工作氛围的前提下提出批评。挑战在于，如何在困难的情境下同时关注这两个方面，而不是交替关注这两个方面。

这通常说起来容易做起来难。指出别人的不当行为并不简单。批评别人常常会带来冲突升级和相互指责的风险。作为项目经理，你可能突然发现自己处于需要为自己的批评道歉或辩解的境地。但是还有另一种方式，真正的技巧是，在不"指责"他人的情况下解决问题。

◼ 客观批评的 4 个步骤

1. 中立、客观地描述情况，以便员工能够理解批评。重要的是，你应只阐明你所观察或经历的情况。

2. 接下来，描述不当行为对你的影响。你必须权衡一下自己的感受，如果按照你的想法去做，能在多大程度上引发他人的思考。

3. 现在，展示所批评事实的结果和影响，以使员工能了解其行为带来的后果。员工现在可以自行判断，是否预料到自己行为的后果。

4. 表达你对员工的愿望或期望：如何改善这种情况。如果员工能认识到自己的不当行为，他多半会牢记于心。比起直接批评，至少这种方式的成功概率要大得多。

生存技巧

◆ 必须就员工的不当行为及时与其沟通。也就是说，不要让错误慢慢地积累，否则在某一天它会进行全方位的"攻击"。

◆ 最好当面进行批评，尽量不要通过电话，并且始终在私下进行。

◆ 不要在第三方尤其是客户面前批评员工，也不要将谈话内容告知局外人。

◆ 明确指出你不满意的地方。不要避重就轻，也不要"扔烟幕弹"。

◆ 尽可能具体地描述问题，内容仅限于现状和基本情况。

◆ 要观察改进的情况。但是，请勿进行任何秘密调查。不要对事情耿耿于怀，应赞扬可见的改进。

4.2 将冲突升级而不是屈服

——当员工不遵守承诺时

项目经理经常遇到进退两难的情况。一名员工无故缺席，其他员工推迟或未完整提交重要的工作包。项目经理感到非常烦躁，指责员工的拖沓行为——几乎无济于事，这反而使气氛更加紧张。该怎么办呢？在这种情况下，有针对性地将冲突升级仍不失为一种解决方法。

年轻的项目经理帕特里夏与采购负责人发生了冲突。帕特里夏已经给他安排了与新供应商重新谈判的任务。谈判本来应该在昨天进行的，但采购负责人因日程冲突临时取消了谈判。帕特里夏今天早上才知道这件事。她现在必须亲自主导谈判，尽管她其实根本没有时间。

而且这种情况还在继续！现在，帕特里夏几乎每天晚上都在 8 点之后才能回家。她经常要花时间来处理其他员工应该完成的任务。

资源冲突是项目中经常发生的问题。一方面，你作为项目经理负责按时完成项目；另一方面，你还要不断争取团队内的稀缺资源。最大的问题是，在现实中，你不能假设某个员工在你需要他时他总是有空。为了不影响日程安排，你可以自己处理未完成的任务——就像帕特里夏一样。但是，这不是根本的解决方案。从长远来看，资源稀缺的问题无法通过自己的努力来弥补。

> 替员工解决问题，并非项目经理的工作。如果员工没有遵守承诺，从而危及项目的进度，则需要采用另一种策略：必须将冲突逐步升级。

第一次冲突升级——与员工交谈

那么，如果员工让帕特里夏无所适从，她该怎么办？她会很生气，这是可以理解的。但是，她应避免发生冲突。例如，责备对方缺乏责任心或怀有恶意。

员工未履行约定的义务，一般不是出于不良意图。通常，他只是不知道团队对他的期望，或者他的粗心会对项目造成什么后果。为了弄清情况，进行第一次冲突升级是适当的应对措施：在私下与员工交谈，并与他达成协议。

第二次冲突升级——与主管交谈

如果采购人（员工）想执行任务但被禁止，帕特里夏应该怎么办？例如，该项目在采购部门中没有优先权。很显然，与采购人（员工）发生冲突是毫无意义的。尽管他愿意，但他的主管不允许。

在与员工的私下交谈（第一次冲突升级）中，你很快就能发现是否存在这样的情况。不要责怪员工，而要进行第二次冲突升级：寻求与主管对话，并与主管达成协议（见图 4-1）。

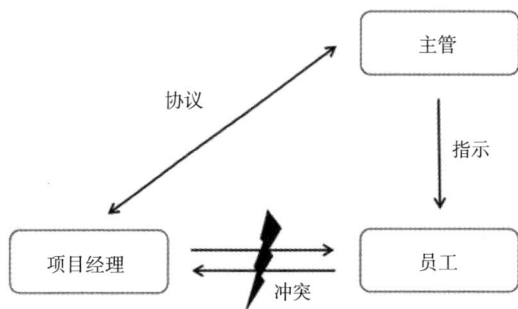

图 4-1　与主管达成协议

帕特里夏现在也面临这项任务：她可以在主管那里"抹黑"员工，但这无济于事。为了不危及项目，她需要与主管达成协议，以使员工未来能够完成项目任务。

在对话中直接抱怨员工没有太多时间来执行项目任务，这在策略上是不明智的。相反，帕特里夏应该将对话引导至找出可能的解决方案上：主管如何确保其员工真正投入项目？帕特里夏也不应被随意的借口敷衍了事。每名员工都能从日常工作中挤出时间。毕竟，即使员工处于假期，也能找到有效的应对方法。

◾ 第三次冲突升级——与客户交谈

即使准备充分，与主管的对话通常也不会成功。作为项目经理，你没有权限解决项目工作与运营工作间的竞争状况。但是，你不应就此屈服并亲自接手该员工的任务，而应该进行第三次冲突升级：与客户交谈。

在帕特里夏的案例中，如果与采购主管的对话不能找到解决方案，那么她应立即与客户交谈，请客户来处理这个问题，让客户的人际关系发挥作用。起初，客户可能很谨慎，会尝试将问题抛回给帕特里夏："不是有你嘛!"

现在，要向客户说明，项目在多大程度上取决于他的干预。帕特里夏要使客户相信：只有他才能在部门主管层面取得积极的谈判结果，从而确保项目的成功（见图 4-2）。

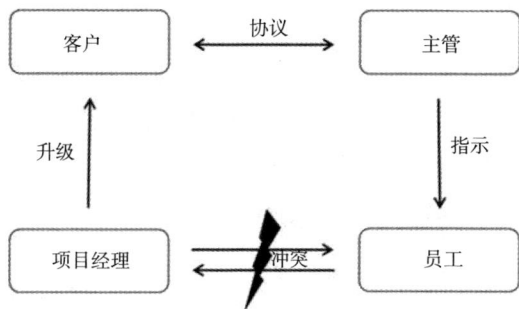

图 4-2　让客户的人际关系发挥作用

▪ 第四次冲突升级——与管理层交谈

客户与员工主管间的交谈也可能没有结果。在运营工作与项目工作之间，通常存在一块无法轻易界定的区域。在该区域，受时间和成本压力困扰的项目工作与运营工作频繁发生冲突。这可能导致你无法在部门主管层面化解冲突。

第四次冲突升级带来的是解决之道：由管理层做出的决定。现在，总经理必须决定，应优先考虑项目工作还是运营工作。在帕特里夏的案例中，如果出现类似情况，那么最有可能发生的是，管理层偏向部门主管一边。在这种情况下，项目经理应立即寻求与客户的对话，并与客户说清项目的后果。

生存技巧

◆ 仅在紧急情况下通过自身努力来弥补团队资源不足的情况。如果员工的行为让你失望，那么你应该将冲突逐步升级。

◆ 与员工私下交谈。确保他明确团队的期望及相应的后果，并与他达成新的协议。

◆ 与员工的主管进行对话（要坚持不懈）。你没有什么可失去的。任何让步总比毫无改善要好。

◆ 激励你的客户，让他为该项目的成功发挥作用。告诉客户，如果特定员工不能参与项目，会有什么后果。

◆ 即使你将冲突升级到管理层，也不要以为管理层就会做出对你有利的决定。

◆ 即使冲突升级失败，也不要接手员工的任务。与你的客户澄清项目的后果，并相应地调整你的计划。

4.3 剖析冲突

——玫瑰战争的三个层次

许多项目经理都倾向忽略员工之间的差异。他们认为："这是无法避免的。"在许多情况下，这是一个谬论：冲突一直在不断积累，直到在某个时候公开爆发，并严重危害项目工作。奥地利冲突研究人员弗里德里希·格拉斯尔提出的"升级层次模型"有助于理解冲突过程的负面动态并帮助你及时做出反应。

开工研讨会刚开始，项目经理迪尔克就注意到，安妮特和霍尔格之间的关系有些紧张，但他起初并不太重视。当安妮特在研讨会上提到，她希望今天就把霍尔格赶出项目团队时，迪尔克开始认识到：这种性格的人会给我带来巨大的麻烦。

实际上，迪尔克"纵容"了安妮特和霍尔格之间的冲突，而该冲突已达到相当高的"升级层次"。因此，他将不得不迅速进行干预。但是迪尔克犹豫了一下，转移了话题——并暗自希望此事能自行结束。这时，他没有意识到这种冲突无法自行解决。在接下来的几个月中，冲突发展为一种破坏力，威胁着整个项目。

作为项目经理，你将员工间的冲突视作小事，并希望冲突自行平息。这种想法可能是很危险的。相反，冲突很有可能加速发展并失去控制。发生冲突的双方不仅互相攻击，还将其他员工卷入冲突。项目进度最终也受到了影响。

> 最初看似无害的冲突可能升级为玫瑰战争，最终导致两败俱伤。作为项目经理，你应该认真对待冲突，认识到它的破坏力，并及时采取措施。

升级层次模型

最著名的"升级层次模型"来自奥地利冲突研究人员和商业顾问弗里德里希·格拉斯尔。他的"升级层次模型"描述了冲突发展的动态过程，因而恰如其分地描述了冲突的升级。该模型被证明是可以在不同冲突情况下使用的有效工具。

冲突研究人员定义了冲突升级的 3 个层次，从无害辩论到全面对抗。这些层次描述了越来越肆无忌惮的对抗形式。

层次 1——无害的开始

冲突的产生往往不易察觉。只有参与其中的人才能体会到它——如果有冲突的话。只要冲突处于层次 1，说明双方都仍在努力达成协议。

- 最初的紧张局势表明冲突的存在。双方的立场变得强硬，并发生观点的碰撞。对立双方的紧张关系可能导致紧张局势，但相关人员相信，紧张局势可以通过对话来解决。

- 冲突双方都提出了说服对方的策略。双方的话语变得更粗鲁，也更针锋相对。出现了惊人的"黑白思维"，不同的观点导致了激烈的争论。但是，仍然有人认为，最终有可能达成有建设性的协议。

- 冲突双方都向对方施加了更大的压力。他们觉得单纯的谈话已经不够。为了主张自己的观点，他们甚至捏造了事实。双方的同理心消失，误解的风险增加。这时，冲突加剧，但仍被认为是可以化解的。

只要冲突仍处于模型的层次 1，你就应仔细观察它。有时，建议你先克制情绪——毕竟双方都希望达成共识。

层次 2——发生争执

如果冲突处于层次 2，就意味着：双手失去了达成共识的意愿。随后发生的是权力斗争，其唯一目的是击败对手。

- 冲突双方相互将对方视为假想敌，这主要由思维定式和成见造成。双方开始互相争斗，并且不介意成为负面角色。他们还会寻找追随者和同情者。冲突的重点已不再是问题本身，而是如何赢得冲突。
- 直接的、在公共场合进行的攻击会引起冲突。被攻击者的形象受到损害。相互之间的信任丧失。从这个意义上说，丢脸意味着自己的信誉受损。
- 相互威胁和发出最后"通牒"加速了冲突的升级。威胁的程度和与之关联的破坏力越高，冲突就越危险。

现在，有关各方几乎无法独自化解冲突。在层次 2，建议雇用经验丰富的冲突管控教练，他可以在某些条件下成功说服双方达成"停火"协议。

层次 3——全面对抗

如果在层次 2 的干预措施失败或被放弃，则冲突迟早会达到层次 3。冲突双方现在已经给彼此造成了很大的伤害，以至于他们只想到一个目标：打击对手，无论付出什么代价。

- 对手不再被视为同事，而被视为敌人。在具有破坏性的打击中，只要能击中敌人，哪怕自身受损也可以接受。
- 对手的目标是竭尽全力打击对方，他们认为一切手段都是合理的。
- 在爆发全面对抗时，不再有任何退路。为了打击对手，人们会不惜一切代价。

一旦冲突达到这一层次，剩下唯一要做的就是拯救自己。情况就像一根引燃的导火索。现在，应让自己隐蔽起来，以免被爆炸击中。

生存技巧

- 谨慎行事，并首先弄清楚冲突双方是否意识到冲突，以及他们是否愿意花费时间和精力来解决问题。

- 思考自己在冲突中的角色。作为项目经理，保持中立的立场进行调解并不总是那么容易。

- 与冲突双方进行冲突对话。仍然有机会获得一个可靠的、经过深思熟虑的问题解决方案。

- 如果冲突进一步升级，请及时寻求帮助。经验丰富的冲突管控教练或调解员至少能说服双方达成"停战协定"。

- 尽一切可能使你的项目和其他员工远离已升级为"全面对抗"的冲突。

- 确保由高层管理人员来结束冲突。

4.4 一切都从无害开始

——如果项目真的崩溃应该怎么办

几乎所有项目都会在短期或长期内出现冲突：人们为了一个目标而争论；未就行动方针达成一致；彼此相处不融洽。这些情况持续恶化的风险很大。作为项目经理，你可以选择：寻找其他方式，冒险升级冲突，或者进行澄清和解决。

伊莉娜的项目团队包括来自两个专业部门的员工。一段时间以来，这两个部门之间一直存在摩擦。当要求这两个部门的员工共同完成一项任务时，他们都会做出恼怒的反应。

一方面，伊莉娜意识到在冲突升级前，她需要以项目经理的身份进行干预。另一方面，她希望回避这种对话，因为她担心自己会陷入困境。她想避免给出一个决定性的结论："就这样决定了！我们现在将以这种方式来做！"因为那样做会使她很快受到指责。

项目中的冲突是由利益冲突或目标不同引起的，因此很难避免。作为项目经理，如果你没有及时进行干预，则很有可能导致冲突升级。因为冲突发展得越激烈，控制冲突就越困难。同时，相互"感染"的风险也在增加：最初未介入的第三方迟早会陷入冲突。

> 冲突也是每个项目的一部分。作为项目经理，你的任务包括及时做出反应，并在冲突对话中解决问题。一次成功的冲突对话会带来一个经过深思熟虑的冲突解决方案，所有参与者和整个项目都会因此成为"赢家"。

◾ 第 1 步——明确目标

首先，向冲突双方解释冲突对话的意义：解决冲突。应重新规范工作关系，使双方都能友好相处，并更好地开展工作。原则是，没有人必须同意让自己成为失败者的解决方案。这是双方有意愿寻求解决方案的关键点。

◾ 第 2 步——制定规则

在发生冲突时，人们很少是理智的。即使在冲突对话中人们的情绪也很容易被迅速激化，并导致解决方案偏离得更远。因此，请从一开始就制定规则，使对话尽可能保持客观和有建设性。这主要包括让双方表达各自的观点和避免人身攻击。请约定保密原则，并确定可以与第三方讨论哪些方面。此外，还要阐明你作为主持人应执行的任务（见图 4-3）。

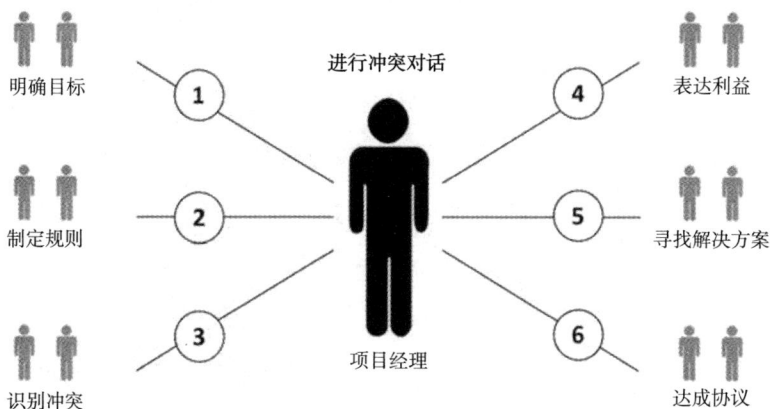

图 4-3　在进行冲突对话时，项目经理应执行的任务

■ 第 3 步——识别冲突

化解冲突的工作始于对问题的描述。这样做的目的是使双方处于平等地位，而不是为了评价和判断。

作为对话的主持人，你要让双方都有机会表达各自对冲突的看法。请确保暂时不进行评价和判断。每个人还应描述自己的问题，以阐明主观观点。让一方用自己的话重复对方说过的话可能有所帮助。

■ 第 4 步——表达利益

许多冲突都源于不切实际的猜想。如果将实际的愿望和背景摆在桌面上，冲突很可能因此得到缓解，并使寻找解决方案的活动变得更加容易。因此，要求双方用自己的话大声且明确地表达彼此的要求和愿望。让其他人确认或更正双方的陈述。如有必要，请跟进并要求双方举例说明所需的行为，以促进相互理解。

■ 第 5 步—— 寻找解决方案

现在，你已经为冲突对话的创造性阶段做好了准备。请与冲突各方一起寻找解决方案。该活动的目的不是评价建议，而是收集尽可能多的解决方案。

现在，请冲突双方分别标记他们认为最合适的解决方案。然后请双方互相提出要求，如一句格言所述："我愿意按照以下方式配合你……"作为主持人，请确保双方能做出真正的让步。

■ 第6步——达成协议

对于局外人来说，冲突对话的结果往往显得微不足道。但是，对于那些刚刚进行过激烈争论的人来说，冲突对话是至关重要的。你必须确保已达成共识的解决方案得以执行。因此，要达成明确的协议。必要的跟进工作对于检查双方是否遵守协议，或者是否出现新的冲突点可能也很有用。

生存技巧

◆ 在情绪特别激动的情况下，在将冲突双方召集在一起之前，最好先与有关人员进行单独交谈。

◆ 有情绪是正常的！冲突双方可以阐明各自的立场。你仅需要及时阻止有敌意的和侮辱性的行为。

◆ 对观点表示理解，但不要偏向某一方。请保持中立并让双方都有机会摆脱挫败感。

◆ 共同寻找解决方案。为此，请冲突各方提出自己的看法："你想要什么？从你的角度来看，解决方案是什么样的？"

◆ 避免谈论毋庸置疑的事情（如公司目标），或者以牺牲第三方为代价来达成协议。

◆ 如果没有双方都认可的解决方案，那么你必须自己做出决定。这不应在同一对话中进行，请稍后再传达你的决定。

4.5 激发而非调解

——在冲突中可能采取的干预措施

平衡和调解可能是化解冲突的正确方法，但并非总是如此。有时候，有针对性地对冲突进行升级是更好的策略。因此，在任何冲突中，你都应考虑哪些解决方案更有意义，以及选择哪种做法更有效。

刚来公司就立即接手项目的人，容易陷入难以理解和管理的境地。安德里亚有着类似的经历，她刚开始工作，作为项目经理正在处理"冻结的冲突"。

安德里亚的团队由两个部门的员工组成。过去，两个部门之间曾发生过真正的"战壕战"。冲突从未真正得到解决，而是被"冻结"。因此，在该项目中，两个部门的员工之间虽没有直接对抗，但他们继续以微妙的方式相互"竞争"，例如，破坏、阻止或延迟任务。由于安德里亚不了解之前的故事，因此她在最初完全不知所措。

像安德里亚案例中这样的冷战可能迅速危及项目的成功。挫败感和失望感支配着人们的情绪，因为人们已经丧失了仍可以化解冲突的信心。冲突仍然存在，但所有参与其中的人都装作一切都还不错。作为项目经理，你面对的是已经存在多年的冲突，而通过简单的冲突对话是很难化解的。

处理冲突有多种选择。在项目团队中，平衡和调解通常是化解冲突的适当方法。但在有针对性地升级冲突前，有时还需要考虑其他策略。

◼ 预防总是更好的选择

根本不让冲突产生——这无疑是管控冲突的最有效的、最优雅的方式。当然，这也要以能识别冲突的先兆并及时澄清新出现的分歧为前提。

冲突预防的价值无须多言，但遗憾的是，几乎没有人注意到它，也没有人重视它。当火焰已经燃起时，消防工作才全力进行。你可以想象，英勇的项目经理登上舞台，向惊讶的观众演示如何扑灭大火，并化解不断升级的冲突。这确实令人印象深刻——这样做可以引起人们的注意并让人钦佩。但是，谁会意识到项目经理本该避免火灾的发生？

◼ 预防不适合有些项目经理

事实上，在一些项目环境中，人们几乎意识不到应采用专业的冲突预防措施。如果你从一开始就避免了冲突，那显然能带来巨大的好处——因为每次冲突都会导致损失和延误，并使项目陷入危机。但是，只有少数专家能意识到并承认这一点。

任何想引起关注，并希望别人钦佩自己的英勇行为的项目经理，都几乎懒得进行危机预防。危机预防更适合那些希望快速而出色地取得成果的人。而且，他们终究会得到别人的认可："我不知道为什么，每次与他合作一切总是如此顺利。"总有一天，人们会为此感到惊讶。

◼ 降级，还是升级

大多数的干预措施都是治愈型的。如果冲突已经出现，作为项目经理，你的职责就是进行干预——化解、限制、控制或管理冲突。原则上，你有两个选择：你可以尝试通过逐步降级冲突来缓解紧张局势；你也可以通过有针对性地激发冲突和强制要求澄清来使冲突升级（见表4-2）。

表 4-2　降级冲突与升级冲突

	降级型	升级型
预防型	约定规则 分析风险 采取预防措施	消除担忧和恐惧 对抗会议 经历困难的场景
治愈型	重建冲突进程 冲突对话 仲裁 / 调解	挑衅和"激发" 对抗会议 放任不管

如果你知道是什么引发并加剧了冲突，那么可以使用此前介绍的知识来降级冲突。在这种情况下，结构化的冲突对话可能更有意义，冲突双方可以在其中直接化解冲突。作为对话的主持人，你可以与冲突双方一起重建冲突过程，向他们展示这些举动所带来的不良影响，并最终促成双方达成协议。如果冲突已经大幅升级，则可能需要专业的仲裁员或调解员来化解冲突。

■ 火上浇油有时也有帮助

但是，降级型干预措施并不总是明智的或有效的。让我们回忆安德里亚正在处理的"冻结的冲突"。在该案例中，似乎应该先"加热"冲突——将其解冻，使冲突再次可见。因为冷战的主要问题之一在于，当事双方之间已达成默契，假装一切都还不错。因此，没有人看到解决该问题的任何理由。有针对性的升级冲突可以像叫醒电话一样"唤醒"冲突。

项目经理安德里亚当时正在关注两个部门之间的冷战。项目人员间的交流出现了问题，日复一日地阻碍了该项目，但相关人员总在淡化问题。最后，项目经理决定将下次项目会议当作对抗会议。当团队聚在一起时，项目经理以有针对性的挑衅激发了冲突。安德里亚指责其中一个部门的员工缺乏合作精神。不出所料，"被告"为自己的辩护反而激怒了对方。因此，冲突终于被摆在了桌面上——安德里亚得到了解决它的机会。

冲突不一定总能由简单的挑衅引起。有时，即使很努力地激发了冲突，冷战仍会继续。换句话说，作为项目经理，你要有意识地让项目陷入困境。这能促使客户或管理团队制订计划，并给他们带来解决问题的必要压力。

生存技巧

◆ 冲突既昂贵又低效。所以不要让它持续太长时间，预防总比善后好。

◆ 当发生冲突时，请尝试及时化解、限制、控制或管理冲突，否则有进一步升级的风险。

◆ 分析导致冲突的原因及其升级的原因。这是化解冲突的唯一方法。

◆ 当冲突全面升级时，请邀请独立的第三方作为调解人，他也许能化解冲突。

◆ 如果相关人员假装没有重大问题，请考虑激发冲突。这样，就能把冲突摆在桌面上，你就有机会解决它了。

◆ 在紧急情况下，可以有意识地让项目陷入困境，以促使客户或管理团队制订计划，并给他们带来解决问题的必要压力。

4.6 不惧怕经理人

——成功地与难对付的经理人打交道

难对付的经理人可能破坏人们在项目中的乐趣。作为项目经理，你不仅要与主管、客户打交道，还要与其他经理人打交道。纸上谈兵往往不会有用。更有意义的是接受不同类型经理人的古怪性格，并相应地调整自己的行为。

攻击毫无征兆地冲着项目经理马蒂亚斯而来。部门经理冲进办公室，在整个团队面前训斥他。"你什么项目也管理不了。你根本什么都不懂!"

部门经理吼道。马蒂亚斯把这个人看作定时炸弹。即使小事也能让他发火。但项目经理面对的不可预见性甚至比情绪的爆发还要糟糕：随着时间的流逝，即使人们对经理人的激烈反应有了一些敏锐的"嗅觉"，但某些经理人的间歇性发作仍无法预测。

无疑，像马蒂亚斯案例中这样的经理人是无法控制自己的。你对此会如何反应？"当你呼喊着进入森林时，会产生回响"。危险在于，人们会受到这种古老智慧的引导，从而进行言语上的反击。但是，让自己处于情绪激动的状态，只会使情况变得更糟。那么，你宁愿谦卑地沉默，忍受经理人间歇性的发作，忍受这一切吗？这并不会使情况好转。

> 经理人有自己的个性，有时这很难让人忍受。对此进行讨论通常无济于事。更好的方式是接受不同类型经理人的古怪性格，并学习与其相处之道。

◾ 无须畏惧经理人

哪位项目经理不希望获得经理人的完全支持和完美协作呢？遗憾的是，现实往往是另一番景象。项目经理必须与那些对项目的具体做法有自己想法的经理人打交道。但是，应如何与难对付的经理人相处呢？答案取决于你要面对的人的类型。

◾ 让易怒者沉默

如果经理人易怒，并且今天的心情不好，那么你应避免靠近他的办公室。他的愤怒可能影响到任何人，无论你正在处理的事情是否紧急。作为项目经理，与这样的人打交道并不容易：即使对于一件小事，他也可能立即"180 度"大转弯，开始对你言语攻击。即使项目不能顺利进行，他也毫不畏惧，仍然会严厉对待你。

你可以执行以下操作：如果易怒者当前的心情不好，最好的建议是让自己保持镇静。这听起来容易，做起来难。深吸一口气，切勿大声喊叫，也不要尝试找论据说服他。此时，这样做毫无意义。不要在错误的时间进入错误的地点，也不要充当替罪羊。

当经理人冷静下来后，你可以和他私下讨论这件事。你可以冷静地表达你的不满，并明确说出你未来对他的期望。

◾ 应对控制狂

不仅易怒者会使你筋疲力尽，控制狂也可能起到负面作用，使你在执行任务时失去原有的乐趣。无论你的项目进行得如何，这个人总是对你挑三拣四。这很烦人，也极有可能让你做出错误的反应。

控制狂类型的经理人根本无法完全协助你完成任务。作为项目的客户，这类经理人倾向不断地观察和管控项目经理。

你可以对控制狂采取积极主动的策略：定期向他提供项目的最新状态，让他及早了解你在做什么及做的方法。这样，他至少不会打扰你的工作，而且与他打交道也明显变得更加容易。

始终接受他的某些建议。因此，你的事就成了他的事——他几乎不会纠正自己的建议。在一段时间后，他应该对你有更多的信心，并给你更多的自由。

◾ 摇摆不定的经理人

最难的事是与摇摆不定的经理人打交道。不遵守诺言、言行不一的经理人会失去员工的信任，因而更依赖施加压力的管理风格。

对于项目成功来说，遇到摇摆不定的经理人就太糟了。如果他今天不记得昨天刚刚做的决定或宣布的事情，如果他遵循"今天是今天，明天是明天"的座右铭，那么他如何才能理性地管理一个项目？

你可以这样做：以书面的形式获取重要的工作指示，即使这意味着额外的工作量。例如，在电子邮件中总结会议的成果，并询问对方以确认自己是否正确理解了所有内容。即使对方没有回复电子邮件，你至少也有了一个带有日期的文件。如有疑问，可以参考该文件。

生存技巧

◆ 即使很难，也要表现出对对方的理解。这在许多情况下能够化解矛盾。

◆ 考虑到不同类型的经理人会有不同的古怪性格。如果仔细观察对方，你将识别出一些套路，并防止发生紧急情况。

◆ 保持自信，不要往心里去。这是你与难对付的经理人打交道的最佳方法。

◆ 寻求澄清式对话。预约一个时间，开诚布公地说出困扰你的事情，保持礼貌但要有决心。

◆ 如果经理人的语气不对，请使用含义更清晰的词汇，并清楚说明你期望的内容。

◆ 如果与相关经理人的对话无济于事，则应考虑与劳资委员会、可信赖的人或其他领导者联系。

4.7　突然成为替罪羊

——如何摆脱被转嫁的困境

若一个项目恐将失败，则人们通常会寻找替罪羊。作为项目经理，即使你对项目的失败仅负很小的责任，甚至没有责任，你也会很快成为众矢之的。人们会直接将责任转嫁给你，而你必须设法将其摆脱。

卢卡斯在指导委员会的会议上受挫。他责骂道："每个人都在敷衍了事，而我必须为此付出代价！"在会议期间，他回答了一些问题，并解释了几周以来为什么他的项目没有进展，为什么最后期限被不断推迟。该项目本身存在的巨大困难是一回事，但人们认为他是搞砸一切的人，这使他很生气。显然，聚在一起的老板找到了责任人！

只要指导委员会相信该项目会成功，他们就会向前看，并为找到解决问题的正确方案或实现目标的正确途径而努力。相反，如果对于责任问题存在争议，则值得关注。这出于三个原因：第一，对责任的讨论是追溯过去，无法解决当前问题；第二，对责任的讨论蕴藏着巨大的潜在冲突；第三，对责任的讨论是人们失去项目成功信念的征兆。

> 转嫁责任是一种警报信号，暗示沮丧、绝望情绪和逃离的倾向。因此，寻找替罪羊应被理解为警报信号，表明正在出现项目危机，并要求项目经理谨慎而果断地采取行动。

出现新的项目危机的迹象

当项目面临危机时，指导委员会通常会同时经历两个情绪化的过程。一方面，指导委员会失去了仍然能够实现项目目标的信心；另一方面，指导委员会试图摆脱责任，并商定责任人。卢卡斯经历的正是这个过程：聚在一起的管理者为积累的沮丧感找到了合适的"避雷针"，并且同时表明，自己与此困境无关。

"三明治"经理倾向转嫁责任

中层经理往往会为失败寻找责任人。在被左右夹击的位置上，他们必须始终代表老板的决定，而这些决定并不是他们真正支持的。相反，即使不得不持续面对结构性问题——如预算不足或设备不足等，他们也必须实现项目目标并显示项目成果。因此，如果其中一个项目遇到麻烦，则他们会将责任推卸给别人。

▰ 严重的附带损害

问题是，围绕责任人的小题大做无法使项目或管理人员获得哪怕一点点的进步。相反，附带损害是巨大的。转嫁责任的文化一旦加速发展，并且相关人员的精力都集中在澄清责任上，那么人们就没有时间或精力来解决实际问题了。这意味着该项目的进度一定会落后。

▰ 需要时刻保持谨慎

如果你像卢卡斯那样被转嫁责任，你该怎么办？你现在被认定是搞砸一切的人。作为项目经理，你现在既不能依靠自己的项目团队，也无法依靠管理层的支持。忍气吞声就足以让你情绪激动。但是，建议你保持冷静！表现出攻击性和愤怒的情绪，只会让人们更加确信对你的"指控"。因此，在表态前，请花一些时间思考。

▰ 成功捍卫自我的四个步骤

经验丰富的项目经理不会怪罪他人，而是向前看并试图减少损失。他们与员工一同寻找出路。这里尤其要注意一点：经验丰富的项目经理应制定解决方案并说服领导者，而不是随意篡改事实并加以拼凑。该方法分为以下四个步骤。

1. 分析现状。找出你在项目中的真正立场。这很可能是在一对一的对话中实现的，因为即使在你自己的团队中，也没有人愿意做第一个揭示真实意图并承认问题严重性的人。

2. 检查项目困境的症结所在。项目很少因灾难或其他外部原因而陷入困境。原因往往在于项目本身或其环境，而且通常很复杂。原因有时是对项目准备的缺乏，有时则是过于乐观的计划。因此，重要的是找出项目困境的症结所在。

3. 立即采取行动。当出现首次停工，并且人们已经开始寻找责任人时，作为项目经理，你的时间就已经很少了。请分析局势，设想可能的情景，并立即采取措施来扭转项目局面。现在，管理团队希望看到令人鼓舞的成功！

4. 重建信任。 寻找责任人的情况表明，项目参与者对项目成功失去了信心。不过，管理层现在想知道项目卡在哪里，以及"我们现在如何共同前进"。请注意，"共同"是指你作为项目经理要提供解决方案！为了恢复项目参与者的信心，你需要向管理层展示当前问题的解决方案。

生存技巧

◆ 当项目遇到困难，并且人们突然开始寻找责任人时，请认真对待——将其理解为项目正在出现危机的警告信号。

◆ 当人们想把你当作替罪羊时，请保持镇定。如果你不立即做出反应，那么许多冲突都可以被化解。

◆ 当管理层将项目遭遇困难的责任推卸给你时，请主动采取措施，并找出真正的问题所在。

◆ 向管理层展示当前问题的解决方案。你也可以借此机会以优雅的方式清楚地表明，问题的根源不在你这里，也不在其他人那里。

◆ 如果你在早期已经预见某个项目可能遇到困难，并且你可能成为替罪羊，那么确保自己的安全就很有意义。在这种情况下，你应该很好地记录决策和其他重要过程。

第 5 章

在险境中坚守航线
——项目经理作为战略家

当决策被推迟执行，信息流被打断，或者其他战术动作扰乱了日常项目工作时，人们通常会使用到"政治"一词。在这种情况下，重要的是借助技能和技巧，使项目恢复正常状态。这时，你需要扮演战略家的角色！

几乎每个大型项目最终都会驶入困难的航线。当管理人员提出不切实际的要求，当项目的反对者破坏进度，当利益分歧使工作瘫痪，当负责重要结果的部门突然改变其优先级时……这些对项目经理来说都是危险的。相关情况不胜枚举。

处理这种情况需要良好的领导才能和战略技巧。作为项目经理，你应该及早意识到危险，并及时消除危险。现在，你需要扮演战略家的角色。具体来说，这意味着：假如客户提出了你永远无法满足的要求，请抽身而出。请组织足够的力量并加强影响力，以便能够在紧急情况下采取行动，而无须拥有发布指令的权限。确保获得职能部门的支持，以实现职能经理的项目利益。

是不可能完成的任务，还是向着死亡行军？ 尽管从一开始就应明确，参与者会陷入一个"不可能完成的任务"，但许多项目还是启动了。该项目越有前景，参与其中的管理人员就越会受到欣喜感的引导，他们的野心也就越大。结果却是时间的混乱、成本的不断攀升和明显的冲突。即使对于有经验的项目经理来说，这也是一场噩梦。对他来说，进行该项目很危险。在第 5.1 节中，你将学习如何防止无望的项目，并挽救你的职业生涯。

在沙子上建房子。对于大型项目来说，很多掌握资金的相关方都会孤注一掷。因此，应为此类项目的决策做好充分的准备和检查。首先需要做一件事：明确目标。如果制定了模糊的项目目标，那作为项目经理，你会感到无所适从。如果没有设定明确的目标，应该如何控制需求的范围？变化和改进将堆积如山，成本将激增。第 5.2 节说明，如何确保制定明确的项目目标——即使在项目工作开始后仍有必要。

职能部门的支持。职能部门与项目之间的摩擦具有传奇色彩。职能经理抱怨变更带来的不利影响，而项目经理对职能经理的固执感到不满。因此，部门的工作还有很多不足之处也就不足为奇了。从项目经理的角度来看，最大的问题是，他的项目需要专业部门的资源和人员，而这些专业部门的上级不愿将这些资源和人员移交给他。第 5.3 节说明，如何获得职能部门的必要支持。

愿权力伴随你。如果使用得当，权力可以对项目的进程产生积极影响。例如，客户可以凭借其自身角色和个人权限在困难阶段为项目提供支持。作为项目经理，权力可能是其至关重要的"帮手"。好消息是，只要稍微使用些技巧，就可以组织起力量。例如，这为你提供了机会，以增加向员工发布指令的权限。第 5.4 节概述了各种权力的来源，以及如何使用它们。

朋友还是敌人？ 有时，项目的反对者是如此强大，你甚至需要盟友才能成功采取行动。在这种情况下，研究项目的相关方很有用。相关方的分析涵盖了参与项目的所有人员和组织。第 5.5 节说明，如何确定项目的反对者和支持者。

项目中的破坏者。有时，你不得不竭尽全力，与破坏项目的人员打交道。在极端情况下，他们会毫不畏惧地操纵数据，销毁资料或者歪曲事实。

为了找到这些破坏者，应调查破坏行为的原因。第 5.6 节说明，如何识别和消除真正危险的破坏者。

项目中的微观政治。当一些规模较大的项目涉及不同人员的利益时，微观政治就会发挥作用——项目经理通常不熟悉此领域。各相关方根据自己的利益，试图通过微观政治手段来影响该项目。为了能够参与其中并为项目做出必要的决策，通常只能采取微观政治的途径。你可以在第 5.7 节中了解如何成功地执行此操作，以及如何采用战略技巧来代表更高管理级别的项目利益。

5.1　是不可能完成的任务，还是向着死亡行军

——如何应对无望的项目

许多项目都有以下问题：激增的预算、混乱的时间管理、明显的冲突，这些项目通常被证明是不可能实现的项目。作为项目经理，你是第一个认识到项目没有可行性的人。你望向深渊并感到：这个项目越来越像个噩梦。现在，是时候采取战略来摆脱困境了。

这应该是一个突破性的产品，并且比上一代便宜 20%。总经理宣布："有了这项技术，我们将彻底改变市场。"负责该项目的玛格达琳娜却感到不确定。经初步检查后，她发现项目的成本和时间估算都不切实际，但没有人想听她的担忧。

两年后，情况发生了变化。公司中除了总经理，几乎没有人相信该项目能取得成功。总经理仍然将环绕项目的"失败秃鹫"看作傲然飞向高空的"雄鹰"。

这并非个例。实际上，公司一次又一次地陷入这类无望的项目。该项目越有前景，参与其中的管理人员就越盲目。最初的欣喜感（不要与健康

的动机混淆）诱导他们集体闯红灯：瞄准不切实际的目标，遵循无法维持的期限，并忽略所有风险。一厢情愿的想法取代了对现实的洞察。

> 受到欣喜感的蒙蔽，人们总是启动不现实的项目。但至少有一个人应保持头脑清醒，这个人就是项目经理。现在要由他来收集论点和组织讨论，以防止项目惨败。

◼ 闭上眼睛，大胆去做

一厢情愿的想法是一种欺骗性的驱动力。该项目的计划不现实？这绝不可能！该项目如此独特，并有望带来如此多的收益——根本无须担心。在这种情况下，以一致的"否"来拒绝项目是非常困难的。因此，即使需求完全不切实际，许多项目经理还是情愿对现实视而不见，并接受该项目。他们的座右铭是"闭上眼睛，大胆去做"。在这类情况下，问题在于项目经理缺乏及时提出问题并与管理层抗衡的勇气，而不在于项目本身。

◼ 无底洞

大多数公司倾向低估大型项目所需的时间、金钱和人力。公司不想承认，在项目执行过程中，最迟在技术实施时，不得不考虑消耗额外资源的问题。如果那些负责人仍受到欣喜感和过度乐观主义的引导，那么你可以近乎肯定地预言：在资源消耗方面，该项目将变成无底洞！

作为项目经理，如果你在收到工作手册并开始实施之前保持观望，那么你通常已经迷路了。但是，立即拒绝接管项目也是错误的：即使当你第一次看到项目订单时就意识到，你将接到一个"送命"的差事，甚至愿意愤怒地向客户抛出"不"字。请控制住自己！现在不是拒绝该项目的时候。因为你仍然缺乏解释自己立场的论据。对于你的客户来说，打消你的顾虑轻而易举："怎么会呢，你肯定能完成的！"他就这样把你拴在项目经理的"弹射座椅"上。

艰难的一步——说"不"

一些高级管理人员的座右铭是"这不可能是不可能的"。他们就是不愿接受，项目包含了不切实际的任务，或者项目可能已经失控。这种态度很难应对。仅依靠项目经理的直觉很难阻止客户贯彻"不可能完成的任务"。

那么，应该如何应对呢？总体来说，将"不"与"是"组合成更大的事实，这一规则已得到证实。举例说明：白玫瑰抵抗组织的成员设法对希特勒说"不"，因为他们对人性说"是"。对身为项目经理的你来说，这意味着你可以对明显的错误计划明确说"不"，与对个人价值观（如可靠性和遵守期限）说"是"关联起来。

当然，这样做的前提是拥有稳定的价值体系。如果你知道什么对你很重要，那么你就会坚决地发出否定的声音，并且难以控制这种冲动。相反，如果不遵循明确的价值观，那么会更容易控制情绪。

拒绝缺乏数字、数据和事实的否定意见

为使自己的否定意见能经受管理层的考验，你需要数字、数据和事实。你必须证明并清楚地解释，为什么这个项目注定失败。因此，精心准备对话至关重要。

为此，请召集一些公认的专家共同讨论情况。尽可能准确地估算项目的工作量、成本和时间，粗略制订初步的项目计划，并进行详细的风险分析。

做好充分的准备后，你可以放心地站在客户面前。但是，请注意不要留下后患——众所周知，人与人在一生中至少见两面。因此，请保持头脑冷静，在拒绝时要小心谨慎。你不仅要解释为什么该项目可能失败，还要描述你认为该项目能成功实施的条件。如果客户希望继续执行该项目，则至少让客户知道你有可能满足他的要求。

如果你的解释和论据仍不能成功说服对方，并且客户继续坚持该项目，

则你仍需采取一项重要的预防措施：约定明确的退出标准。只有这样，当预估的时间和成本在日后真的失控时，你还能停止该项目。

生存技巧

◆ 收集论据。尝试借助数字、数据和事实来清楚地表明实际将花费多少时间、金钱和人力。

◆ 将你的估算基础具体化，并咨询专家，以便估算实际的工作量、成本和时间。

◆ 区分乐观、现实和悲观的数字。

◆ 通过广泛测试来检查可行性，以避免乐观陷阱。概念验证将使你免于日后的意外。

◆ 确定项目停止的条件。这可以对公司的损害进行有效的控制。

◆ 即使你没有因提出否定意见而得到嘉奖，但从长远来看，你也会通过品格的力量赢得上级的尊重。

5.2 在沙子上建房子

——如何确保制定明确的项目目标

没有明确目标的项目就如同在沙子上建房子一样：不仅缺少可衡量的成功标准，而且还可以预见到，新的想法被不断地引入项目，而项目经理对此很难抵挡。要求泛滥将导致成本激增。因此，作为项目经理，你必须有一个明确的目标！

雷娜领导着一个跨部门的项目：客户服务流程应由销售、咨询和售后支持三个部门来统一组织。这实际上是可以预期的，在相关的领导之间会爆发激烈的争执——虽然发生得很迅速，但实际上是可预料的。每个人都想在项目中留下自己的印记。项目经理会回避与部门负责人的争吵，避免通过大型会议来明确目标，并在项目订单中用一些模糊的措辞来协调不同的目标。

任何像雷娜这样躲避明确定义项目目标的人，最终都会危害项目成功。她起初之所以能确保管理人员之间保持冷静，因为她可以在双方讨论中站在各个对话方的立场上解释项目内容。但是，这种做法可能搬起石头砸自己的脚：当雷娜展示初步成果时，部门负责人会将矛头转向她。每个人都从自己的立场上阐释了项目订单，并附加了对项目经理未交付约定成果的指控。

> 如果没有明确定义项目目标，项目就会面临风险。作为项目经理，你最好确保项目目标明确。如有必要，还应包括事后澄清和阐明表达含糊的项目订单。

◼ 目标不明确——可悲的现实

专家们大致同意，项目的成功在很大程度上依赖一个清晰而准确的目标。恰恰在这一点上，人们在实践中总是草草了事。以下情况同样不是秘密：不清楚的要求、不清楚的目标、不清楚的框架条件只是被不完整地记录下来。这通常是可悲的现实。如果每个人都认为，他们已经了解目标，并能直接开始工作，那么后果就可想而知了，如有缺陷的成果、不堪重负的员工、交期的延迟和激增的成本。

◼ 畏惧自己的勇气

许多项目都是顶着巨大的时间压力开始的。因此，尽管目标尚未最终阐明（甚至提到了后果），但团队常常已经开始工作。如果管理层（也许由于畏惧自己的勇气）不想做出许诺，那么问题就会更加严重。定义可衡量的要求和成功标准本身就是很困难的，但如果没有明确的规范，项目从一开始就像在沙子上建房子。如果你不知道想要什么，你也就不会知道自己需要什么。然后，要求或多或少地被随意决定。

▪ 与项目同时进行的订单说明

如果目标被表述得很模糊，那么客户和其他相关方能够轻易地在项目过程中提出新的要求。作为项目经理，你缺乏参照明确制定的项目订单来阻止新想法的理由。由于合同基础不清晰，无法进行索赔管理。因此，变更和改进会不断积累，而成本的增加也会变得一发不可收拾。

作为项目经理，你只有一条路可走：使订单更加精确。即使你的团队已参与项目并已经在工作，你仍然应该充当启蒙者，并阐明一些基本知识。毕竟，这关乎在项目执行期间补"澄清订单"。

"与项目同时进行订单说明"，这种说法在一开始听起来有些陌生。每个准项目经理都了解，只有在明确了订单后，项目才能开始。项目要有一个具体的目标、固定的开始和结束日期、固定的预算和确定的边界条件。实际上，这种如教科书般有序的开始情况很少遇到。因此，补做澄清很重要。

▪ 对项目的影响程度

当你正在补"澄清订单"时，说明你已采取了务实的行为。请通过回答以下五个方面的问题，仔细阐明现有的项目订单：

- **输入**。项目可使用哪些资源？该项目将投资哪些资源？资金、设备、概念等？
- **活动**。为实现目标必须做什么？如果特定输入已经就绪，可以开展哪些活动？
- **输出**。活动的直接结果是什么？项目结束后可获得哪些可衡量的结果？这些结果应是可量化的交付物，如产品、分析、规格、服务等。

- **结果**。项目将对目标群体产生什么影响？对该项目有什么影响？对目标群体有什么好处？

- **影响**。在项目环境中还存在哪些影响？由此产生哪些好处？这里描述了该项目的中长期目标。

如图 5-1 所示，这五个方面可与"地图"的作用相提并论，其"比例尺"的精度虽然不高，但它给每个参与者提供了最初的方向。目标已标在澄清订单上，同时也确定了你必须与项目团队一起前进的方向。

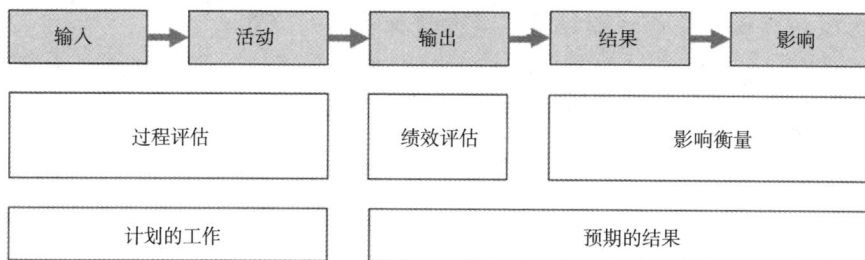

| 输入 | 活动 | 输出 | 结果 | 影响 |

| 过程评估 | 绩效评估 | 影响衡量 |

| 计划的工作 | 预期的结果 |

图 5-1　五个方面的问题

生存技巧

- 不要假设项目构想已百分之百经过深思熟虑。相信订单会随着时间的推移而逐渐清晰，这是错误的。

- 即使时间紧迫，也要避免简单地开始项目工作。与其盲目飞行，不如先明确目标。

- 明确目标永远为时不晚。在项目工作已经开始后，也可以进行订单澄清。

- 坚持明确对有关项目目标的陈述。确保所有相关人员都知道项目目标及该项目对公司的重要性。

- 精确地制定项目目标，以使目标不会令参与者产生歧义。有时，记录不属于项目的内容，也可能很有意义。

5.3 职能部门的支持

——及时让相关方加入

项目与职能部门之间经常存在利益冲突。项目经理需要不同部门的专家来完成项目，而部门负责人则需要他们的专家来完成日常业务。因此，作为项目经理，你面临着让职能经理配合项目的挑战。

在上一次的指导委员会上，发生了激烈的碰撞。一位职能经理抱怨："古德伦总是要求我们为她的项目提供某种特别方案。这影响了我们的日常业务。"项目经理古德伦感觉受到攻击，因此反击道："有人一次又一次临时将分配给我们的资源抽离项目，因为日常业务再次获得更高的优先级。如果这种情况持续下去，我们肯定会错过下一个里程碑！"

职能经理和项目经理互相推脱责任，这已经持续数月了。

哪位项目经理没经历过与职能经理的持续摩擦和冲突？像古德伦这样的项目经理通常会受到阻碍，即他们只有有限的权利向项目团队的成员发布指令。当冲突涉及员工是为项目还是为部门工作时，他们的胜算通常更小，因为员工必须听从其直接上级的指令。当发生工作冲突时，部门经理更有优势。

经典冲突：项目经理依赖优秀的专业人士，但各个部门的职能经理需要他们的员工来完成日常的业务。为了在这方面不处于劣势，项目经理应确保职能部门给予支持。

原因：项目数量过多

许多公司并不缺乏想法和项目。相反，它们经常拥有足够的想法和项目。因此，经常有大量项目同时进行。作为项目经理，你必须处理一系列问题。

- 资源稀缺。部门的职能经理不愿派员工参加另一个项目。这会很快导致项目中的人员短缺。
- 部门忽视你的目标和时间计划。在这方面，你的项目计划通常还不如用于撰写项目计划的纸有价值。
- 你依赖部门的决策，但是这些决策没有及时到来。此外，你未被告知与项目有关的事实。

日常业务总先于项目工作

在大多数公司中，处理项目和职能部门之间的冲突是日常工作中的一部分。职能经理抱怨与项目相关的变更或特殊解决方案对日常业务产生的负面影响。项目经理则抱怨职能部门的结构僵化，缺乏灵活性。"日常业务总先于项目工作。"项目经理指责道。

归根结底，缺乏合作意愿的原因是，双方从各自的角度来看他们的日常业务。职能经理关注良好的可计划性，因为在日常业务中稳定的流程对他来说很重要。相比之下，项目经理和他的团队开辟了新天地，面临着管理复杂项目的任务。高度的动态性决定了发生的事情及不断变化的过程。

职能部门与项目像两个世界一样互相碰撞。双方对中心任务的态度也大相径庭。

通过同意来反抗

部门的职能经理通常不公开反抗。如果他想阻止一个与其利益冲突的项目，他更倾向在幕后行动。如果没有成功，他将很乐意转向"通过同意来反抗"。当然，他随后会保证，愿意接受任何有助于改善部门状况的建议，只是建议必须切合实际。其实，后半句已经预示了之后的冲突。

在中层管理人员中，很少出现正式的抗议活动。即使该项目是故意绕过部门的职能经理而发起的，虽然他们可能采取低声抱怨的方式，但是也会等待机会以进行破坏活动。大多数机会在项目进入实施阶段时出现。现在，部门的职能经理可以利用自己的知识来阻止项目团队的建议，或者使它们在实践中失败。

反抗的警告信号

下列迹象表明职能经理存在反抗思维。

- 对你的项目表现出开放的态度，但始终强调该解决方案也必须切实可行。
- 总是提出新的要求，并需要新的要求来使解决方案可用。
- 不厌其烦地指出与项目计划相关的诸多问题和风险。
- 隐瞒重要信息，理由是他不知道这与该项目有关。
- 由于各种新原因而不放行急需进行项目工作的员工。
- 始终沉浸在日常业务中，不会或极为难得地为你和你的项目人员说话。

确定并命名目标

为了使你的项目获得职能部门的支持，有一点尤为重要：明确企业管理的优先级。为此，管理层、职能经理和项目经理都必须首先阐明组织的目标，以了解：是否存在相互竞争的目标？目标是否相互矛盾？如果回答是肯定的，那么是否必须找到合理的折中办法？对于相互竞争的目标，应由管理层来确定优先级和框架条件。

一旦管理层确定了方向并设定了优先级，就可以安排项目经理与职能经理相互合作了。现在，作为项目经理，你可以从客户那里得到支持，并明确而果断地向职能经理表明，他们再也没有机会以任何方式贯彻自己的想法了。

生存技巧

◆ 与职能经理保持友好的合作关系。任何在私下里喜欢你的人，都不会抛弃担任项目经理时的你。

◆ 在项目开始之前，与相关部门的职能经理商定明确的合作规则，并确定进行协作的方式。

◆ 对于由职能经理的自身利益所激发的反抗，通过考虑了其利益的谈判来解决。

◆ 提前与部门的职能经理商定员工的部署，以便在需要时也可以使用这些员工。

◆ 公开和持续不断地告知对方你的项目及你对支持的需求。始终明确答谢所获得的支持。

◆ 在与职能经理的谈判中表现出妥协的意愿。但当涉及关键项目时，请保持强硬。

5.4　愿权力伴随你

——如何获得影响力

任何想要控制员工行为的人，都离不开权力和权威。作为项目经理，你无法随意获得所需的权力。与职能经理不同的是，你无权向员工发布指令。但是，只需要一些技巧，你就可以获得权力。

卡特琳娜从一开始就知道，引入新的项目和时间数据采集系统并不像小孩子的游戏那样简单。但是她没有料到：越来越多的同事和经理明显担心新系统所具有的透明度，因此反对该项目。卡特琳娜最担心的是，反对者显然会对项目施加比她更大的影响力。"有时候，我感觉自己像一只没有牙齿的老虎，"她抱怨道，"无论我再怎么咆哮，不知何故，别人总是无视我。"

一些项目经理未能及时建立自己的权力基础。就像卡特琳娜的案例一样，其后果可能很严重。没有最低权限是行不通的。如果要推进项目，则必须能够不断地主张自己的观点。一旦情况发展与卡特琳娜的预期相同，那么最终只有通过企业领导者的一句话才能使项目重回正轨。

作为项目经理，你需要一定的权力，才能在必要时主张自己的观点。由于项目经理原本就缺乏此权力，因此你必须设法获得它。有不同的途径可以帮你做到这一点。

权力是可以获得的

原则上，你可使用不同来源的权力。根据美国社会心理学家 John R. P. French 和 Bertram H. Raven 的模型，有五种不同类型的权力：奖励的权力、惩罚的权力、合法的权力、认同的权力和专家的权力。此外，信息优势也可以理解为一种权力形式。

奖励的权力

那些拥有奖励的权力的人有能力奖励表现优秀的人。我们通常考虑激励、奖金、加薪或晋升等形式的物质或财务上的奖励。作为项目经理，你在这方面通常几乎没有发挥的空间。尽管如此，你仍有奖励员工的机会。例如，你可以给员工分配有趣的任务，以友好的方式支持他，或者扩大他的责任范围。

惩罚的权力

与奖励的权力相反的是惩罚的权力。其核心在于，作为项目经理你有权惩罚员工，并在必要时付诸行动，同时还要承担相应的后果。

为了向员工表示你确实有权力进行惩罚，可采取一种简单而有效的措施：让自己被正式任命为项目经理。向所有相关人员发送电子邮件就足够了。在邮件中，你的客户宣布项目立项并说明以下内容："我选择 X 先生作为项目经理。我认为你将尽最大可能来支持他，并且所有与项目相关的部门都将与他紧密合作。为确保项目成功，我将定期与他进行沟通。"现在，每个人都知道客户对你的背书，以及不当行为可能造成的后果。

■ 合法的权力

每家公司都有从属关系的规定。在职能组织中，这些规定是理所当然的，并为所有人所接受，即有一位主管严格地领导其员工——因此拥有合法的权力。在项目中，相关的规定却不太清晰。在许多公司中，作为项目经理，你与其他人是平级的，因此没有合法的权力。

其实，情况并非一定如此：公司也可规定，项目团队的成员必须遵从项目经理的指示。因此，这种规定可以赋予项目经理合法的权力。如果在一套规定中明确定义了项目的任务、权力和责任，那么每个员工都知道："项目经理承担了责任，他有权做出某些决定——而我将遵从他的指示。"

■ 认同的权力

即使没有形式上的权力，你也可以通过自己的声誉来获得巨大的影响力。人们信任并认同一个声誉高的人。这种特殊的认同形式衍生出一种特殊的权力形式（可为你所用），即认同的权力。员工对你越认同，接受你的决定并遵从你的指示的意愿就越强。

认同的权力存在于你的性格里。可以说，这是你带给项目经理角色的一种自然权威。这包括个性和魅力、真实和自信等特征。同样明确的是，认同的权力只能通过长期发展而来。这里，激动人心的问题是，作为项目经理，你如何凭借自己的自然权威说服他人（例如，特意塑造自己的行为举止以使团队自愿追随你）？

■ 专家的权力

你也可以通过专业知识和专长来施加影响。与其他来源的权力相比，这种"专家的权力"具有很高的针对性，并且仅限于你经验丰富且有资格担任专家的领域。你在一个领域中拥有的丰富知识，可以赋予你权力和影响力。员工之所以接受你，是因为你在这方面有特殊的经验和技能。员工相信你在做正确的事——并乐意追随你。

■ 信息优势的权力

相对信息匮乏的人来说，拥有更多信息的人将自动拥有信息优势的权力。在关键时刻，你可以援引更有说服力的论据，也可以有针对性地使用信息来施加影响。作为项目经理，为了获得信息优势，你需要从重要的信息源了解最新的信息，并掌握主要的沟通渠道。

生存技巧

- ◆ 创造机会，通过奖励表现优秀的员工来实现激励。例如，安排具有激励性的任务。
- ◆ 通过透明的方式与客户和员工的上级建立联系，以获得惩罚的权力。这样，员工就知道：自己在项目中的不当行为可能造成的后果。
- ◆ 通过与团队约定规则和决策权来获得合法的权力。
- ◆ 凭借你的个人权威来进行领导。让员工欣赏你，并能够认同你。
- ◆ 利用你的知识和经验优势来建立专家的权力。你的专业知识越丰富，员工就对你越信任。
- ◆ 确保你有信息优势。毕竟，知识就是力量！

5.5　朋友还是敌人

——如何密切关注自己的弱点

几乎在每个项目中，你都会遇到对手——如果发现得太迟，他们就会带来危险。另外，了解支持者也可能非常有用。对于项目的反对者和支持者，你都可通过相关方分析来识别。

朱利安娜突然同时在多个"战线"展开了"战斗"。实际上，引入新的时间数据采集系统似乎是自然而然的事。对此，员工抱怨不已，但朱利安娜充满信心，并认为自己可以实施此项目。然而，从那以后，人力资源部门的员工抵制该系统，因为该系统毫无必要地加大了工作的难度。不久，IT 主管也抵制该项目，因为他认为该系统不适合当前的系统环境。随后，职工代表委员会也宣布抵制该系统。朱利安娜意识到项目已受到严重威胁。

人们是否有效协作在很大程度上决定了项目是否成功——这并不是新的发现。但是，对于协作问题，人们在大多数情况下想到的是员工，而不是项目团队以外的人。如朱利安娜的案例所示，对问题的疏忽可能引发不良后果。还有许多类似的案例：在 IT 项目中，未来的用户可能给项目经理及其团队带来新的问题；有影响力的职能经理也喜欢插手项目管理而不理会项目协议，或者优先考虑自己的实务。

对于一个项目，总有其反对者和支持者。无论是反对者还是支持者都会对项目成功产生重大影响。因此，作为项目经理，你的任务包括了解各相关方的利益并制定应对措施。

◢ 处于焦点中的人

类似朱利安娜的案例中那样的破坏力量（如人力资源部、IT 主管、职工代表委员会）会不断出现。你必须事先考虑到可能的对手。另外，如果你想带领更大的项目并取得项目的成功，就需要同盟。因此，识别反对者和支持者是非常有价值的。应使用一些相关的工具，如相关方分析工具，它可以用来说明，哪些人会以什么方式和程度影响项目。相关方分析概述了，谁支持你，谁保持中立，谁在项目实施过程中可能给你带来麻烦。

◢ 识别参与者

都有哪些相关方处于项目环境？这在项目初期通常很难评估，因为情况仍不明朗。因此，建议你找机会与员工一起讨论该主题。这样，所有相关的"参与者"都有机会发言。

以下关键问题将有助于你与员工展开讨论：

- 哪些部门会受项目影响？
- 哪些流程是全新的？
- 项目结果涉及哪些用户？
- 该项目涉及哪些职能经理和员工？
- 哪些客户和/或供应商与项目有关？

◢ 评估参与者

在对单个参与者进行系统评估时，事实证明，参照以下三个标准的分析结果是有价值的，包括项目的相关性、影响及态度（见图 5-2）。

相关性（该相关方与该项目的关联程度）。相关方的相关性可通过以下问题来评估：该项目对他有何影响？他在将来是否需要使用新的流程或工具？他的工作环境是否发生了变化？他的职位是否改变？

请以简单的程度来记录结果。

(1) 非常低 (2) 低 (3) 一般 (4) 高 (5) 非常高

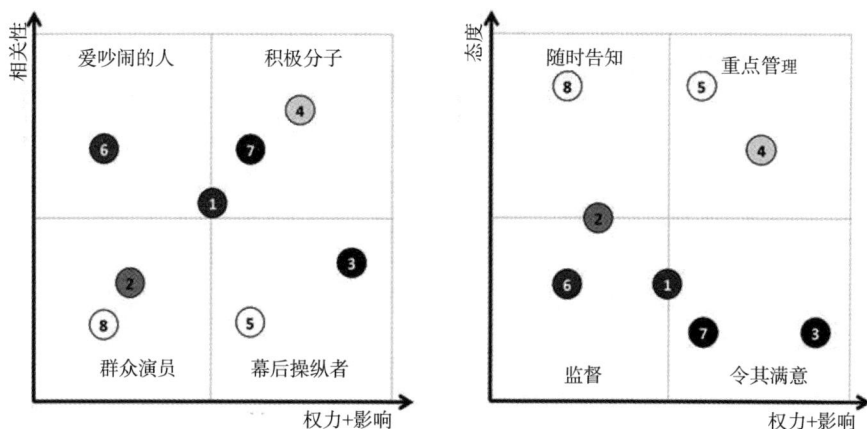

图 5-2　对单个参与者进行系统评估

影响（该相关方可能对项目产生的影响）。相关方只有拥有权力和影响力，才能影响项目结果。因此，职能经理具有很大的影响力，单个员工很难扰乱项目进程和之后的项目成果。因此，请问有关权力的问题。例如，各相关方之间是否有很大的利益关系？各相关方拥有的影响力是大还是小？

请再次以简单的程度来记录结果。

(1) 非常低 (2) 低 (3) 一般　(4) 高　(5) 非常高

态度（可能出现的反应）。根据所在岗位的不同，相关方对项目的看法也大不相同。一些人期望从中获得事业上的飞跃，另一些人则担心处于不利地位而断然拒绝该项目。相关方对项目的态度取决于他们与项目的关联程度及他们追求的利益。请考虑以下问题：相关方对变更持肯定态度还是否定态度？这些影响是否对相关方构成威胁，以致引起相关方的抵触？请在此背景下评估相关方对项目的态度。

(1) 非常积极　(2) 积极 (3) 中立　(4) 消极　(5) 非常消极

■ 采取必要的措施

进行相关方分析可为适应相关方的可能行为并制定适当的措施提供基础。对此，图 5-2 清晰地呈现了相应的结果。现在，你可以制定一些策略，以便能用合适的方式与不同的人打交道。

生存技巧

◆ 睁大双眼，"竖起"耳朵。每个人都是重要的！那些看似影响力较小的相关方也可能通过其关系网促成很多结果。

◆ 确定每个相关方的影响力、项目对他的影响程度，以及他能如何适应你的项目。

◆ 制定策略和措施，以管理相关方。在项目执行过程中实施这些措施。

◆ 不要试图取悦所有人——这不是你的工作。当然，与相关方打交道很重要。

◆ 不要慌张。对于有些反对者，他们虽然没有权力却胡乱叫嚷。俗话说："爱叫的狗不咬人！"

◆ 请记住，人们的情绪可能出乎意料地发生逆转。你必须对此做出反应，以避免项目陷入危机。

5.6 项目中的破坏者

——识别并消除危险的对手

破坏项目的方法有无数种。在《项目破坏者手册》中，两位荷兰作者描述了各种破坏项目的策略，这些策略明确了一件事：作为项目经理，你应该了解预警信号，并剥夺真正危险的破坏者的权力。

当管理层将公司最重要的战略项目托付给安德里亚时，她倍感荣幸。人们跟她说，该项目是高度机密的。由于安德里亚和其员工都是来自不同领域的才华横溢的关键人物，所以他们必须签署保密协议。在"面向未来的战略"的幌子下，他们推进着这样一个项目：在公司其他员工和劳工委员会得到风声之前，秘密、安静、谨慎地做事。

像安德里亚这样的做法会激起反抗！一旦有关"高度机密"项目的首批信息泄露，被忽略的人将捍卫自己的利益并试图搞垮该项目。首先，某人可能获得更有影响力的角色的协助，从而可以成功地破坏该项目。事实上，项目的破坏者将抓住一切机会（例如，在涉及需求、变更请求、概念验证、批准过程或验收时）破坏该项目。

> 项目的破坏者通常无法被识别，却能搞垮项目。项目经理应及时识别潜在的危险，并采取正确的策略应对。

◾ 延迟、阻滞、破坏

作为项目经理，你必须考虑到以下问题，即参与项目的人员可能将自身利益置于项目利益之上，即使这些利益会损害项目。因此，破坏活动可能已使一些项目陷入停顿。例如，数据被操纵，数字和事实被修饰，真相被歪曲。你能看到的是，职能经理和其员工站在一旁，遗憾地耸耸肩（可能暗自庆幸，尚未产生任何进展）。

◾ 破坏活动——原因有很多

为深入了解破坏活动，可追问出现破坏活动的原因。究竟发展到怎样的程度？是什么使项目的反对者变成严重危害项目的破坏者？实际上，原因可能差异很大：

- 相关人员对以前的项目有负面的经历。现在他担心目前的项目也会对他的利益造成损害。

- 相关人员感到不安。他认为该项目带来的变化具有威胁性，因此试图通过坚守现状来掩盖恐惧和不安。
- 在项目中，涉及相关人员的大量自身利益。他认为该项目使其地位、声誉或权力受到威胁。
- 相关人员有被忽视的感觉。这意味着他对该项目缺乏理解和认同感。
- 拒绝项目的背后有着与项目本身无关的战术考虑。
- 相关人员寻求报复，因为在以前的项目中仍有他的未结清账目。

因此，重要的是，要及时识别潜在的危险，了解其原因并采取正确的应对策略。这说起来容易。困难的是，你如何才能在日常的项目工作中识别实际存在的危险。

◢ 职能经理的破坏活动

来自职能经理的破坏活动是十分典型的。当你依赖职能部门的专家时，职能经理不可避免地需要他完成日常的业务。冲突由此产生。在大多数情况下，职能经理不会公开抗议，而是在幕后行动。

典型情况如下：
- 他看似愿意改变，却增加了必须也"切实可行"的限制。
- 他不厌其烦地指出与项目相关的问题和风险。
- 他将重要信息摆在你面前。然后，以自己不知道该信息与项目相关为由为自己辩护。

当职能经理开始用这种"小伎俩"骗你时，你必须确保自己清楚地了解情况。请通过采取果断的行动来明确表明，他没有机会实现自己的想法。如果有必要，取得客户或高层管理人员的支持，以约束职能经理。

◢ 专家的破坏活动

破坏者也常常来自专业部门，甚至可能是项目团队的成员——这会使事情变得特别棘手。破坏者常常"伪装"成解决方案的架构师、技术项目经理或专家，而且处在很关键的位置，即他知道项目的薄弱环节，因此可能造成更大的损失。

例如，来自专业部门的破坏者会夸大问题，并提出过分的要求。这些破坏者考虑的是：需求越多，解决方案就越复杂且昂贵。作为专家，他能够提出极其复杂的解决方案，并虚增费用。

如何应对呢？可直截了当地告知专家，你认为他的行为妨碍了目标达成，并且你不会容忍这种行为。如有必要，请不要与他合作，或者将他从项目团队中移除。另外，与专家的直属上级对话，通常也能有所帮助。

如果员工威胁要通过其行为来严重阻碍项目发展，那么你在大部分情况下可采用一种简单的策略：邀请职能经理一起参加重要的项目会议。这将使破坏者清楚地知道，他的上级支持该项目（他将非常仔细地考虑，是否继续反对该项目）。

生存技巧

- ◆ 让相关人员参与进来，从而将其态度由最初的抵抗转至接受——并让他们中的大多数人与该项目保持和谐。

- ◆ 如果出于恐惧而抵制项目，则在一对一对话和小组讨论（或研讨会）中探讨这些恐惧。

- ◆ 如果出于个人利益而抵制项目，则你需要与相关人员协商！你至少要部分考虑他的利益，但应避免草率的妥协。

- ◆ 如果有必要，请明确表示，对方的想法在你看来毫无机会。

- ◆ 在处理政治破坏时，应始终坚持在权力层面上的应对。你应该像冷静的棋手那样，机智地做出回答。

- ◆ 积极动员管理层的盟友。有时，只有得到上级的支持，才能对付破坏活动。

5.7　项目中的微观政治

——运用战略技巧进行决策

项目通常是跨部门运行的，并触及各方利益。因此，参与者经常要在政治层面开展行动——从事所谓的"微观政治"，以发挥影响力。作为项目经理，你需要战术技巧，以便在项目执行过程中做出必要的决策。

"欢迎来到微观政治的世界。"马库斯辛辣地评判自己项目的现状。他目前负责将公司的两个服务部门整合在一起，这两个服务部门在很大程度上仍彼此独立运作。马库斯的团队其实已经以一种可理解的方式执行了项目，董事会也一致批准了该项目。然而，部门的员工对此展开了激烈的讨论，项目自此不断陷入困境。项目的敌人已经出现，员工们在食堂和休息室里也进行着争吵。

当项目像马库斯的案例那样发生重大变化并触及诸多利益方时，微观政治就会发挥作用。相关人员试图通过微观政治手段来影响项目的发展，以维护他们的利益。若项目还涉及更高的管理层，而且项目的成功还取决于管理层的决策，那么局势尤为严峻。事实上，作为项目经理，你必须了解和掌握一些政治规则。否则，你将无法做出项目所需的决策。

微观政治在许多项目中都起到很重要的作用。作为项目经理，你面临的问题是，用以结果为导向的方式来完成项目是否足够，或者是否必须参与政治活动，才能实现项目目标。

▰　什么是微观政治

"微观政治"一词最早出现在由英国社会学家汤姆·伯恩斯（Tom Burns）

于 1961 年撰写的一篇文章中。此后，微观政治的概念在公司的组织体系中迅速得到了重视。德国心理学家奥斯瓦尔德·诺伊伯格（Oswald Neuberger）将"微观政治"定义为："那些日常的'小型'（微观）技术的宝库，人们可通过这些技术来建立和使用权力，以扩大自己的行动范围并减少外界控制。"

对于项目来说，这意味着：微观政治包含了相关的技术和方法，相关人员可借助它们推动项目前进，减缓项目进度，甚至取消项目。

◾ 首先要探测局势

如果像马库斯的项目那样，不同相关方的利益发生冲突，仅简单地采纳客观、必要的项目观点通常是无济于事的。人们激烈地讨论，互相指责，会议被无限期地拖延，但是参与者显然没有敏锐地注意到项目利益。

因此，我们需要观察局势，以了解以下情况：哪些人代表了哪些利益？谁可以与谁合作？谁根本无法与谁合作？谁现在有议程安排？谁与谁会相互牵制？

◾ 选择有成功希望的策略

为了根据不同相关方的利益需求来做出必要的项目决策，作为项目经理，你唯一的机会就是在微观政治层面上应对。项目管理专家奥拉夫·欣兹（Olaf Hinz）开发了"策略矩阵"，它可引导管理层根据自己的意愿做出决策。为此，请考虑相关的决策者，并回答以下问题。

- **对于决策者来说，在决策过程中最重要的是什么？**每个人在决策时都特别强调某些方面。一些人仅在数字、数据和事实被充分证实后才同意某提案；一些人仅关注某提案是否被大多数人支持；还有一些人仅在某提案不妨碍自己利益（如权力、形象、职业）的前提下表示同意。因此，请确保决策者能愉快地同意你的提案。

- **决策者能够与谁进行良好的合作？他会听取谁的意见？**如果你无法直接接触真正的决策者，有时有必要"把球踢出边线"。请记住，几乎每个决策者的周围都有为其出谋划策的人。弄清楚这些人是谁，并在做出重要决定前与他们私下交谈，这些通常都很有意义。如果这些人都支持你的建议，那事情通常就已成功了一半。

- **决策者现在有哪些议程？他如何确定优先级？**对于高层管理人员来说，每天都有大量的提案需要他们进行决策。决策大多是按照明确的优先级进行的。请尝试找出与决策者相关的优先事项，并相应地调整你的行为方式。

- **在什么情况下我能获得决策者的赞同？**请注意，外部因素在每项决策中也起着重要作用。例如，决策者目前面临着怎样的压力？他追寻哪些目标？该决策在多大程度上使他受益？在理想情况下，你可以表明你的提案符合决策者的个人利益。这将助你一臂之力。

- **决策者不喜欢什么？我应尽可能地避免什么？**总有所谓的"不可行提案"。如果你需要决策者的支持，应尽可能地避免这种事情。请注意可能使决策者感到不舒服的因素。也请注意在管理层中非正式的游戏规则（例如，谁应先获取哪些信息）。

如果你是项目经理，并能通过这种方式来确定相关决策者在项目中的利益，那么你就可以自信且有针对性地构建与决策者的关系，同时增强你在公司中的地位和影响力。

生存技巧

- ◆ "微观政治"无法避免。请尽可能避免那些影响项目的因素，无论影响是正面的还是负面的。
- ◆ 避免使自己变成单打独斗的战士。无论你是否愿意，请求助可以帮助你推动项目前进的盟友。

- 建立联盟，尤其对于以竞争和冲突为主导的项目。与他人合作，以防止潜在的阻碍。
- 发挥影响力，使其对相关员工的接受度和行为施加强大力量。
- 以某种方式影响相关人员，使他们积极地将项目的核心信息传达给组织（非正式地，通过自己的话语）。
- 消除滋生阴谋的温床，对麻烦制造者加以限制。在必要时，向主管人员请求支持。

第 6 章

认真对待恐惧
——项目经理作为变更经理

项目意味着改变，这正是启动它们的原因。有些项目深入影响了现有的企业结构，彻底改变了流程和程序，这不可避免地引发了恐惧和抵触。项目经理的任务是，认真对待相关人员的恐惧，并确保其接受改变。换句话说，项目经理须扮演变更经理的角色。

"它不是幸存下来的最强大的物种，也不是最聪明的物种，而是最有可能适应变化的物种。"查尔斯·达尔文（Charles Darwin）的这一发现不仅适用于我们人类，适用于商业模式，也适用于不断变化的企业。

尤其对于数字化变革，企业正在为此产生无数的项目，这些项目通常直接影响企业的工作方式和组织形式。因此，这些项目的管理不仅与技术有关，还与所实施的组织变革有关。许多项目对组织的现有结构进行了深入干预，并影响了过去与项目几乎没有关系的大部分员工。

显而易见的是，这样的变更项目不能仅凭良好的计划来管控。尽管良好的计划可以防止项目因组织原因而陷入困境，但未考虑由变更触发的社会过程。因此，在进行大型项目前，建议同时检查以下两个方面：核心挑战是主要在于项目的计划和组织的复杂性，还是在于不确定性、恐惧、对未来的担忧和相关人员的抵触？或者两个方面同样重要？

如果项目的主要任务是克服组织的复杂性，那么作为项目经理，你可以尽情发挥自己在经典项目管理中的技能，并完全专注于内容方面的问题。相反，如果要应对结构和文化上的变化，那么关键挑战是如何应对变化。在这种情况下，你要扮演变更经理的角色：带人们参与项目之旅是你的任务。这包括认真对待恐惧，及时消除抵触，令人信服地传达项目目标，以及让相关人员参与实施。

敏锐地管理。提高生产力，改善服务，加快流程——变更项目已成为当今大多数企业日常工作的一部分。尽管有大量的项目和相关的经验，但结果往往仍有提升空间。例如，项目未按预期进行，目标仅部分实现或根本没有实现。这是有原因的：项目经理和员工适应新流程及放弃熟悉的思维和行为模式的难度往往被低估。在第 6.1 节中，你将学习如何敏锐地应对变更项目。

成功的秘诀。对于重组、兼并、周转或外包等影响深远的项目，很明显的一点是，它们并非成功的保障。许多人将受到影响，他们会对工作感到恐惧。显然，只有伴随变革管理才能确保必要的接受度，从而确保项目的成功。另外，即使不那么引人注目，更多的专业性或技术性项目也常常会导致重大变更。成功的秘诀在于专业的变更管理。你将在 6.2 节中了解变更管理的基本组成部分。

不断的跌宕起伏。如果你在变更过程中不关注员工的情绪，则会危及项目的成功。七阶段模型可能对你有所帮助，因为它反映了员工的情绪发展——从宣布变更时的震惊，到在日常工作中采用新的思维和行为方式。第 6.3 节显示了，你应如何管理这种情绪的过山车。

开辟新的道路。如果发生重大变更，管理人员和员工都将与恐惧和挫败感作斗争。他们很难放下熟悉的事物并适应新的流程。你将与项目团队共同召集相关人员，构建从旧到新的过渡任务。第 6.4 节提供了一个模型，可以帮助你完成这一困难的步骤。

焦虑助长抗拒。当员工抗拒变更时，项目经理常常无法意识到情况的严重性。如果项目真的失败了，通常不是由于抗拒本身，而是由于错误的处理方式。要认识到，抗拒是人之常情，也是变革过程的正常组成部分。作为项目经理，你只要了解这一点并认识到抗拒产生的原因，就能够克服它。第 6.5 节有助于你正确评估抗拒，并自信地进行处理。

逻辑层级。我们的大脑有不同的逻辑层级。控制行为的中心层级影响人们的态度和信念。就变更过程来说，这意味着，如果新的行为未在此层级定位，则行为变更将无法持续——项目有失败的风险。第 6.6 节解释了逻辑层级的模型，该模型有助于识别中断，消除障碍并建立接受度。

封面故事的魔力。许多知名企业的背后都有着其创始人的创业远见。史蒂夫·乔布斯（Steve Jobs）想到了便携式计算机的样式；马克·扎克伯格（Mark Zuckerberg）、拉里·佩奇（Larry Page）和杰夫·贝佐斯（Jeff Bezos）描绘着对未来进行投资的清晰创业愿景。愿景不仅能传达战略目标，还能释放和凝聚能量。第 6.7 节描述了对未来的展望如何助力大型变更项目的成功实施。

6.1　敏锐地管理

——坦然应对不安全感和恐惧

当项目干预了现有的组织结构并改变了流程时，相关的经理和员工必须放弃常规的思维和行为方式。这导致了不安全感和抵触，即使简单的项目（如引进新软件）也可能因此而失败。对于项目经理来说，这意味着要敏锐地管理变更过程，以使相关人员接受。

约阿希姆在三个月前开始领导一个被管理层寄予厚望的项目：通过现代的客户关系管理（Customer Relationship Management, CRM）系统来彻底革新客户服务。到目前为止，该项目的进展一直没有什么大问题，约阿希姆和他的团队按计划顺利执行项目。当然，他在很久之前就听说，同事之间也在激烈讨论着计划引入的 CRM 系统。目前，这并未对项目产生任何阻碍。

然而，最近公开反对 CRM 系统的声音正不断增加。距离系统上线的日期越近，抵触越大。约阿希姆慢慢意识到，他必须认真对待这些问题，但可能为时已晚。按照计划上线新系统似乎突然受到了严重威胁。

该案例表明了一个被反复低估的风险：项目总是从欣喜开始。例如，总经理期望有一个绝佳的新 CRM 系统，但不想承认该项目对正常工作流程的干预程度，从而激起了相关人员的抵触。宣布的变更使员工和管理人员感到不安："这会如何影响我们的工作，以及我们的工作场所？"这种不安全感引发了人们的恐惧，这些恐惧最终体现在人们对项目的抵触。

重大的变更总会引起抵触。请认真应对相关人员的担忧和恐惧。作为项目经理，你应及早与他们联系，以获得他们对该项目的必要接受度。

鱼从头烂

管理层通常采取的做法为：做出具有开创性的决策，创建项目组，任命执行该决策的项目经理，然后转向新的任务。

实际上，我们应该很清楚，变更项目很难通过这种方式取得成功。在变更过程中，管理人员和员工都向管理层的行为看齐。只有意识到事情的严重性，他们才会支持和实施该项目。很显然，管理层应明确支持该项目，并表明变革是必要的和不可避免的。

尽早采取对策

如果要让变更管理的花费保持在一定范围内，建议尽早应对可能出现的恐惧和抵触（见图 6-1）。这首先意味着：要让管理具有透明度！请向每个相关人员解释项目的目标，以及它将带来什么变化。

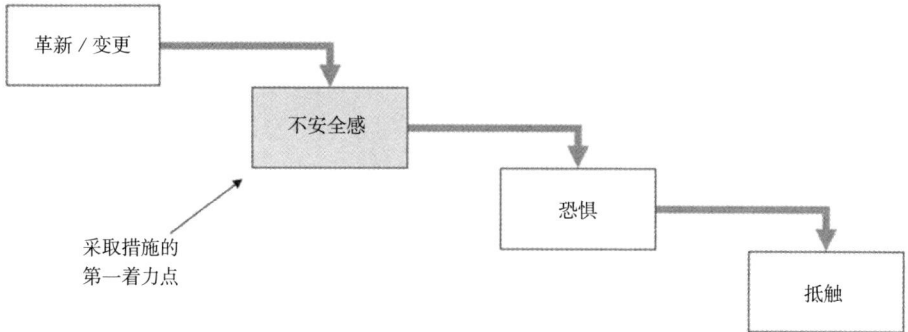

图 6-1　尽早应对可能出现的恐惧和抵触

这是及时遏制不可避免的"小道消息"的唯一方法。因为"谣言工厂"一旦开始工作，那就麻烦了。人们认为会发生巨大变化，并对个人带来负面的影响。即使几乎所有事情都是凭空捏造的，也完全不符合事实，但这种谣言只要流传开来，就很难控制住。因此，听信谣言的员工对项目产生抵触是不可避免的。

◼ 坦诚地谈论影响

即使你尽早采取了对策，也不能消除所有恐惧。一些员工将继续拒绝变更项目，因为他们预感项目会对自己产生负面影响。在这种情况下，管理者及项目经理经常会犯一个严重的错误：他们"粉饰"项目，并声称变更有益无害。

哪位员工会如此天真地相信这一点？当然，会有一些受影响的员工感到自己被排挤，因为他们在变更中失去了权力和影响力。因此，这时的原则是，与员工就项目的效果进行坦诚的交谈，并给他们提供表达自己担忧的机会。

■ 穿越"眼泪谷"的长征

变更项目通常伴随着最初的欣喜。管理层不但对新的想法视而不见，而且对变更项目怀有很高的期望值。他们忽视或拒绝承认，充满希望的启程通常伴随着穿越"眼泪谷"的漫长征程。情绪在一段时间后发生改变，欣喜逐渐转为哭泣和挣扎。"这一点儿用都没有！"相关人员抱怨道，"反正什么都不会改变。"

消沉、沮丧的阶段在进行重大变更时是完全正常的，因为变更过程只能一步一步地进行，而成功在最初几乎无法被感知到。在此阶段，管理层和项目经理要尽力地推动变更。否则，将出现变更的能量减弱、员工返回旧的行为模式的风险。

■ 新的工作流程需要时间

当新的工作流程开始生效时，收尾阶段的工作通常很关键。"之前，所有事情都进行得更快、更简单！"人们常常这么说。这很容易解释：员工现在遵循新的工作规定，但尚未形成任何新的思维和行为习惯。因此，变更仍然很难处理——这当然令人沮丧。此外，重大变更还需要一定的过渡期，直到新流程开始运作为止。

因此，应当明确的是，在收尾阶段，员工需要得到支持以应对变化。在此时，管理层及项目经理都将面临挑战。

生存技巧

◆ 直言不讳。明确指出项目期望员工采用新的思维和行为方式。

◆ 检查即将发生的变更将在多大程度上改变员工的工作内容、工作流程和工作关系。

◆ 给受影响的人足够的时间来熟悉这些变更。通常，掌握新技能和新行为方式需要（很多）时间。

◆ 确保管理层能树立榜样并积极推动变更。支持项目经理与管理层进
行沟通。

◆ 请管理层的人员在私下讨论中了解最新进展。只有这样，他们才能
不厌其烦地回答员工的问题。

◆ 请记住，尤其在过渡阶段，当新流程生效时，员工不仅需要管理层
的支持，也需要项目团队的支持。

6.2 成功的秘诀

——变更管理的四个基石

每个项目都会在不同的程度上带来变更。只有相关人员接受这些变更，
项目才能成功。因此，许多项目都需要"变更管理"，"变更管理"包括四
个基石。

帕特里克不敢相信自己的耳朵。他原本以为自己的跨国项目即将顺利
结束——新的销售流程将按计划生效，新的系统将被成功引进第一批州立
企业。但是，该公司的德国子公司偏偏横加阻拦。当地的部门负责人否决
了该项目。帕特里克别无选择，只能将项目状态改为暂停，即项目陷入停
滞，无法按计划向德国引进新的销售流程。

作为项目经理，你仅将所有的事都做对还不够。即使你引进了一项卓
越的技术，设计了高效的流程，或者实施了出色的组织构想，如果未被员
工或相关管理人员接受，项目就有可能陷入停滞。

面对相关管理人员和员工的抵触，即使管理良好的项目也可
能失败。作为项目经理，你需要赢得相关人员的支持，这也是项
目工作的一部分。接下来，将通过"变更管理"的四个基石来指
明具体途径。

▪ 基石 1： 建立清晰的目标

为获得对项目的认可，参与者和相关人员不仅要在情感上支持该项目，还应理性地了解该项目。因此，变更管理最重要的任务是，尽早就总体目标和项目收益达成一致。只有这样，项目才能在大型变更的艰难时期和危机中生存下来。

最迟在项目开始的几周后，在出现第一个主要问题时，最初的热情就消失了。如果事先没有就该项目及其目标达成共识，那么危机几乎是不可避免的：对该项目的批评越来越多，同时，有越来越多的人会对整个项目的收益提出质疑。此时，紧随其后的通常是项目经理最后的"英雄阶段"。在此阶段，项目经理试图在项目中止前以坚忍不拔的精神来拯救项目。

因此，变更管理的第一个基石是，为所有项目的参与者和相关人员明确目标，并提供一个令人信服的计划，说明如何实现目标。如果人们抵触和批评项目，认真对待不同的声音也是很有意义的。论点若基于个人恐惧或自身利益，也是可以理解的。

▪ 基石 2：考虑需求

变更管理的第二个基石是，考虑相关人员的需求。这听起来很平庸，但在实际执行过程中会遇到一个难题：项目目标通常与相关人员的需求相矛盾。作为项目经理，你要协调不同相关方的利益，这导致了大量的需求与项目目标相矛盾。

解决此问题的关键在于明确定义项目目标，并在个人利益和整体利益之间取得良好的平衡。这尤其意味着，要认真对待相关人员的需求。但是，如果需求与项目目标相冲突或使项目超负荷运行，那么也要明确拒绝它。

危险的谬论（认为进行过良好的沟通就足够了）是普遍存在的。"我们只需要将足够多的信息告知参与者，尤其是专业部门的人员。这样，项目将获得认可。"这太肤浅了！至关重要的是，真正考虑相关人员的需求。否则，人们的抵触情绪将难以避免。

▰ 基石 3：进行项目营销

作为项目经理，如果你已经明确了必要的项目目标，并充分考虑了相关人员的需求，那么你肯定已经取得了很多成就。现在，重要的是，确保周围的环境与项目保持一致，并最终支持项目结果。因此，第三个基石是，在企业中进行项目营销，即提供有关项目的系统和常规信息。

尤其是在发生深刻变革的情况下，项目营销起着核心作用，因此你需要建立一个清晰的概念。项目营销的目的不仅是要对项目有充分的了解，还要获得相关人员对项目的高度认同。措施包括专业的开工研讨会、向专业部门和管理委员会的定期演示，以及统一设计的项目文档。让所有相关人员都能获取信息是至关重要的。

▰ 基石 4：培训并指导相关人员

最后，第四个基石是，培训和指导相关人员。那些无法应对创新的人，几乎不会接受项目结果。因此，重要的是，要让相关人员尽可能轻松地适应新的工作流程、系统、技术和组织结构。也就是说，需要对相关人员进行培训，并在不断变化的日常工作中为他们提供最佳的支持。这种培训还可消除他们对新事物和未知事物的恐惧感。

事实证明，对每个部门的一名或两名员工进行高强度培训，以便将他们培养成所谓的"高级用户"是有意义的。你的任务是，帮助那些无法应对创新的同事。

生存技巧

- ◆ 在项目预算中预留足够的资源，以进行有效的变更管理（对于大型项目，预留预算的 5%~10%）。
- ◆ 确保管理层有足够的管理能力，并且员工有足够的时间来管理变更。
- ◆ 明确目标。只有当所有参与者都了解该项目并看到其收益时，项目才能获得必要的认可。
- ◆ 在不忽视项目目标的前提下，认真对待相关人员的不同声音和需求。
- ◆ 从一开始就进行系统的项目营销，以确保项目团队的积极性及外部环境的支持。
- ◆ 使相关人员能够轻松适应新的工作流程、系统、技术和组织结构。

6.3 不断的跌宕起伏

——变更项目中的情绪过山车

当项目带来重大变更时，它会触发相关人员的情绪变化。经济学家理查德·K.施特赖希（Richard K. Streich）教授的模型可以为指导相关人员经历变更过程提供宝贵的帮助。它描述了相关人员在变更过程中经历的七个情感阶段。

"高调地宣布，敷衍了事地决议，毫无头绪地实施！"斯蒂芬用这些话评论过去几个月发生的事情。他必须观察管理层以发现最初的认可是如何消失的，以及他作为项目经理想成功实施的未来项目为何被反复讨论。几乎没有人谈论斯蒂芬那令人信服的概念和精心设计的计划。相反，恐惧和担忧在员工和同事中占主导地位（对此没有任何争论）。

影响现有组织结构和流程的大型项目将人们的抵触情绪推向高峰。作为项目经理，如果没有充分注意相关管理人员和员工在这种情况下的情绪状态，则可能危及项目成功。许多研究报告都证实了这一点。

> 在变更过程中，相关人员会经历情绪上的过山车。你作为项目经理应了解这一点。

变更项目的七个阶段

如图 6-2 所示，根据理查德·K.施特赖希的模型，每个员工在变更过程中都会经历七个阶段（震惊、拒绝、理智、接受、学习、认识、融入）。该模型源于 20 世纪 90 年代后期，至今仍然有效。对这七个阶段的认识可为引导相关人员踏上征程和完成变更过程提供有用的帮助。

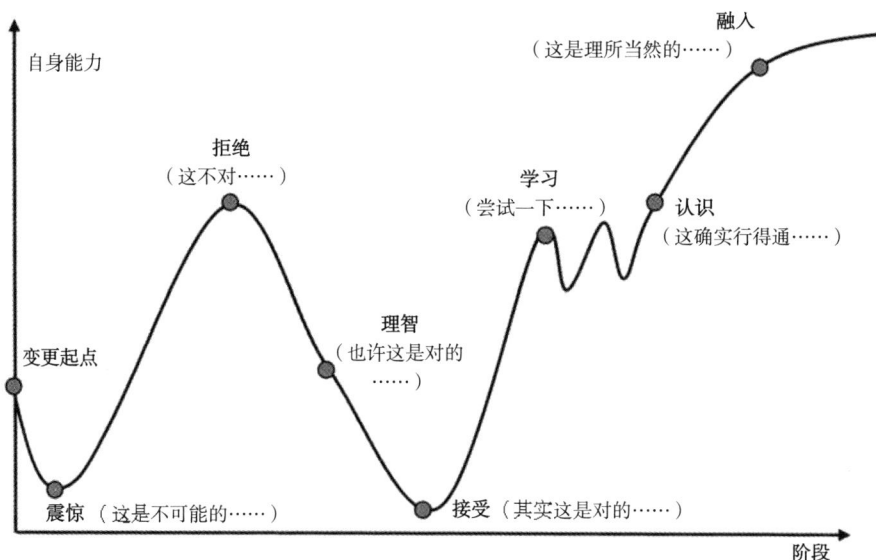

图 6-2　员工在变更过程经历的七个阶段

震惊（这是不可能的……）

当员工面对即将到来的变化时，他们在大多数情况下会感到惊讶和震惊。对新情况的不了解和恐惧导致员工的情绪在震惊阶段跌至低谷。这是可以理解的——毕竟，人们已明确地向该员工表明，他以前的工作和行为方式在新的情况下已不再适用。

拒绝（这不对……）

震惊阶段之后是拒绝阶段。受到影响的人们会抵制变化：宣布新的措施完全是多余的！尤其是那些习惯用旧流程工作的员工，他们团结一致，会共同拒绝变化。这种拒绝的背后往往隐藏着对失去熟悉的工作环境的恐惧。

理智（也许这是对的……）

在一段时间后，员工意识到他的拒绝不会带来期望的成功。他的抵触情绪开始减弱，理智开始显现：宣布的新措施是不可避免的。"也许这些改变是必要的。"他心灰意冷地意识到。但是，认识到改变的必要性与有意愿改变自身行为仍有很大的差距。

接受（其实这是对的……）

员工在经历了情绪的低谷后，会开始接受改变。员工认识到：项目正在按计划进行，继续拒绝变化是没有意义的。现在，准备采取决定性的步骤：放弃惯常的行为方式，开始采用新的行为方式。

学习（尝试一下……）

接下来是学习（或尝试）阶段。员工会对即将发生的事情产生一定的好奇心。在摸索前进的道路中，员工虽然犯了错误并遭受了挫折，但他会将其视作经验的积累。

认识（这确实行得通……）

现在，认识阶段开始了：变更其实并没有那么糟！该项目也开始呈现第一批可见的成功——越来越多的员工意识到变更带来的积极影响。他们开始支持该变更过程，并积极拓展自己的技能。

融入（这是理所当然的……）

融入阶段是变更过程中最令人激动的阶段：员工在日常工作中完全采用新的行动方式。新流程成为理所当然的事——项目团队也将借此成功实现其目标。

生存技巧

◆ 在第一时间对员工表达的震惊表示理解。与员工保持沟通，并确保管理人员也这么做。

◆ 当员工开始拒绝变更时，你要保持坚定不移的信心。毫无疑问，提前做好应对措施是必要的。

◆ 当员工意识到变更不可避免甚至十分必要时，积极鼓励他们参与变更。

◆ 当员工不得不告别熟悉的旧事物时，请充当"灵魂伴侣"。通过与他们交谈来支持此阶段。

◆ 帮助员工适应新环境。鼓励他们尝试新事物，并考虑到他们可能遇到的挫折。

◆ 当员工完成变更过程，并成功地将新方法融入日常工作时，给予表扬和认可。

6.4　开辟新的道路

——如何管理从旧到新的过渡

在发生重大变更时，许多人发现自己很难放开熟悉的事物并转向新的事物。美国组织顾问威廉·布里奇斯（William Bridges）开发了一种模型，可帮助人们成功实现从旧到新的过渡——这对于项目经理也很有价值。

　　劳拉接手了一个具有挑战性的项目。在与竞争对手合并后，两家公司的分支机构将在各个地方陆续合并。一些商店关门，另一些则扩大经营面积。销售主管认为该项目相对来说没有问题，因为在进行合并时，所有工作岗位都会保留下来。令劳拉感到惊讶的是，她在分支机构中遇到了阻力。无论是在那些将要关闭的分支机构中，还是在那些完整保留下来的分支机构中，她都能感受到强劲的逆风扑面而来。

　　劳拉的案例显示了在项目中被低估的危险：从相关人员的主观角度来看，变更的负面影响通常比管理层和项目经理所设想的更加严重。此外，还有比预期更多的"失败者"：一些分支机构的主管担心丢掉饭碗。有些员工担心与曾经良好合作的同事过于亲密，或者专家担心自己的"排他性"。还有些员工不想因合并而增加自己的通勤时间。

> 　　在担任变更经理的过程中，项目经理要执行心理辅导的任务，即帮助受影响的人员摆脱困局并转向新的起点。这包括理解相关人员遭受的损失，并充分肯定他过去的成绩。

◼ 威廉·布里奇斯的转变模型

　　威廉·布里奇斯和苏珊·布里奇斯夫妇二人共同撰写的《管理转变》一书虽然于 20 多年前出版，但在如今这一前所未有的变革时期，该书比以往任何时候都更有意义。该书的作者对变更的破坏力及其帮助人们从旧世界过渡到新世界的策略有着深刻的理解，为成功管理变更提供了宝贵的建议。

　　布里奇斯夫妇的转变模型区分了变化和转变。根据其基本理论，人们并不关心变化本身（变化），而是关心对变化的适应（转变）。"变化"是指外部的变化，即情境的变化。（例如，引进新的计算机程序或合并分支机构。）而"转变"描述了受影响的员工如何应对变化的心理过程。

　　按照此模型，员工要经历三个阶段以适应变化（见图 6-3）。在每个阶段，都要确保给相关员工一定的时间。

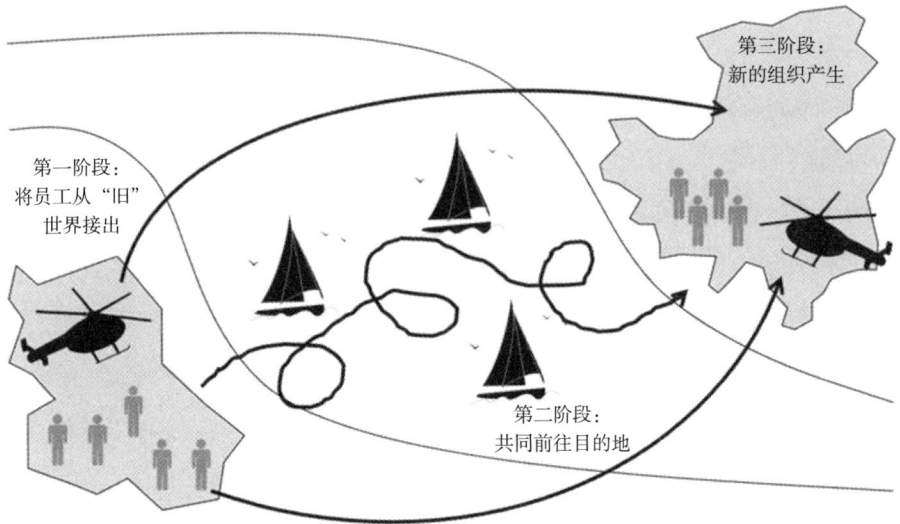

图 6-3　员工需要经历三个阶段以适应变化

◼ 结束——先要放手

每次变更都以结束开始。第一阶段描述了结束、放下旧的和道别的过程。相关人员必须使自己脱离习惯的过程和行为方式。他们通常会产生愤怒、悲伤、恐惧或困惑的情绪，而这常常被误解为缺乏职业道德。作为项目经理，如果你忽略了相关人员的恐惧和不安全感，则可能面对更多的抗拒。

就劳拉的案例来说，这意味着你应尽早联系所有受影响的员工，并在他们离开时给予支持。在这里，象征性的行为可能也有所帮助。因此，项目经理可在每个被关闭的分支机构中分别组织一次小型的欢送会。最终，员工会交出分支机构的钥匙。

◼ 中立区——介于新旧之间

第二阶段表示"介于新旧之间"的时期，即旧的不再有效，而新的尚不存在的时期。这基本上属于一个中立区，介于告别熟悉的事物和了解新事物之间。外部变更开始占主导地位，但是相关人员仍需要时间来习惯和接受它们。

中立区被认为是最困难的阶段，需要强有力的领导者和员工的全力支持。在此，对所有项目经理和变更经理的建议是：沟通！沟通！沟通！

■ 新的开始——愿望达成

第三阶段通往新的开始。对于新的工作方式，员工获得了初步经验。他们认为，尽管现阶段还处于小步前进，但这种改变是明智的和必要的，并且他们在"新世界"中找到了自己的位置。

最初的目标一旦实现，就要庆祝成功并奖励员工。例如，劳拉在分支机构中组织了欢迎新员工的派对。在派对上，她为全体员工准备了印有项目徽标的巧克力作为小礼品。

生存技巧

- ◆ 在开始新任务前，请完成旧任务。确保对已完成的任务进行了充分的赞赏和庆祝。
- ◆ 不要让相关人员继续以旧习惯做事。请释放清晰的信号，并帮助相关人员放手。
- ◆ 给处在"中立区"的相关人员一些时间来适应即将发生的事情。与相关人员保持密切联系。
- ◆ 沟通！及时了解变更过程的进展、下一步的计划及追求的目标。
- ◆ 庆祝！新办公楼的落成典礼、机构合并等，只要有可庆祝的活动尽管庆祝吧！记得感谢大家！
- ◆ 在项目收尾时进行小的调整。在不质疑大型解决方案的前提下优化结果。

6.5 焦虑助长抗拒

——正确处理对项目的抗拒

"这不会有任何帮助"，这通常是人们的本能反应。也就是说，当发生变化时，员工最初并不关注机会和积极方面，而是以防御的方式做出反应。因此，作为项目经理，你需要正确应对这些阻力。

约阿希姆从三个月前开始领导一个新的 CRM 系统（客户关系管理）的引进项目，这将改善公司的客户服务。然而，强烈的抗议——尤其是来自现场服务人员的抗议——给他带来了巨大的打击。恰恰是经验丰富的、通常不会回避任何问题的现场服务人员强烈地反对引进新的 CRM 系统。更糟糕的是，你没有基于事实的论据来说服对方。

如果员工没有机会谈论自己的担忧，恐惧就会被压抑，并且在后期以不同的行式爆发。这可能是激烈的抵抗，也可能是远比现实糟糕的谣言、猜测、恶意指控和对灾难的幻想。就约阿希姆的项目来说，经验丰富的现场服务人员的恐惧主要在于：当客户关系在新的 CRM 系统中变得透明后，他们会失去目前的主导地位。

> 对于大型变更项目，抗拒是人之常情，也是一个正常的现象。任何了解这一点并认识到抗拒原因的人，都可以克服它。

外部变化引发不满

无论工作场所是否因重组、工程改造或引入新的 IT 系统而发生变化，也无论是否因合并或收购使整个工作环境发生颠覆性变化，相关人员始终都要学会适应变化。不过，他们几乎总是像教科书说的那样做出反应：因为不得不离开自己的舒适区，所以感到强烈的不满。就像约阿希姆的案例一样，人们有时可能采取怪异的行为：对于新的 CRM 系统，现场服务人员突然捍卫与他们前一天没有做好的相同的工作流程。

但是，产生抗拒的原因不只是不满。原则上，抗拒可以归为三种不同的原因：

- **客观恐惧**。当目标和行为方式受到质疑时。
- **个体恐惧**。当变更被视为威胁时。
- **个人利益**。当资产（权力、地位等）受到威胁时。

三种恐惧类型（见表 6-1）是产生抗拒的原因，但通常隐藏在事实论据背后，因而未被清晰认识。唯一的问题是，人们不能简单地用事实论据"消除"恐惧。

表 6-1　三种恐惧类型

客观恐惧	个体恐惧	个人利益
• 这是好策略吗？ • 这是正确的途径吗？ • 这是深思熟虑的计划吗？ • 这是必要的行动吗？	• 我有必要的技能吗？ • 我需要这样的变更吗？ • 我将来会怎样？	• 权力是否损失？ • 地位是否损失？ • 声誉是否损失？ • 特权是否损失？

认真对待客观恐惧

尽管如此，在面对抗拒时，应首先分析事实论据。如果论据基于个体恐惧或个人利益，那么它也可能是令人信服的。虽然感到恐惧的人倾向浓墨重彩地描绘变更带来的后果并高估风险，但他们的担忧可能引起人们关注在项目规划中被忽略的或在实施中未被充分考虑的重要方面。

接受个体恐惧

当我们担心自己无法战胜变更时，当我们感到软弱、无助，因此没有自信应对新情况时，变更往往会引发恐惧。因此，作为项目经理，你要判断员工的恐惧是否有道理。简单地宣布恐惧"没有根据"是没有意义的。这不会使恐惧消失，只会使那些感觉自己不被理解的人更加抗拒。

在处理个体恐惧时，只有一件事有用：认真对待恐惧，然后找到一种解决方案，以消除相关人员的恐惧。通常，给予相关人员必要的支持就足够了，这样他就可以在变化的环境中快速找到自己的出路。

■ 个人利益并非禁忌

变更可能威胁个人利益，如权力、地位或声誉的损失。谈论这些个人利益可能使你感到困扰，但它们也不是有失体面的事。每个人都有自己的愿望、利益和需求。只要不与他人或公司的合法利益冲突，这也不是问题。

不要将项目参与者或相关人员的个人利益视为禁忌，这只会使情况变得更糟。如果人们认为说出个人利益是不被允许的，就会在暗中行事：在就事论事的表象下，他们将竭尽所能地实施迎合个人利益的解决方案。

更好的方式是公开讨论该主题，并向相关人员表示，他们可以谈论个人利益。通过这种方式，你可以创造机会来权衡个人利益和项目利益，或许还可以找到一个双方都可接受的解决方案。

生存技巧

◆ 消除恐惧的最好方法是，坦诚沟通，迅速建立良好的人际关系。

◆ 认真对待客观恐惧，因为它们使我们意识到在项目规划或实施中被忽略的事情。

◆ 理解相关人员的个体恐惧，无论它们有多么不理性。当你简单地宣布这种恐惧没有根据时，只会使相关人员更加抗拒。

◆ 与相关人员一起寻找解决方案，以消除他们的恐惧，使他们能够参与变革。

◆ 个人利益并非有失体面的事。如果允许公开谈论它，那么这会使所有参与者都更轻松。

◆ 当发生冲突时，请与管理层一同权衡个人利益和项目利益。也许，
你可以找到一个双方都可接受的解决方案。

6.6　逻辑层级

——识别中断，消除障碍并增强认同感

当许多变更过程停滞不前时，"变更逻辑层级模型"可帮助你找出更深
层次的原因，并从正确的层级开始解决。作为项目经理，你将了解变更如
何影响相关人员，从而为变更过程提供有针对性的支持。

一家公司将部分会计工作转移到了国外，从而导致合同管理部门的职
位出现了缺口。为避免裁员，相关员工就不必再管理系统中的合同了，而
应与客户直接协商延长合同的事宜，从而减轻销售人员的负担。卡特琳被
任命为该项目的项目经理，她将通过广泛的培训措施，为员工做好应对这
些变化的准备。但变更并未成功。相反，自变更以来，合同续约的数量大
幅下降。

该案例指出了许多变更项目中的典型危险：变更过程陷入停滞，因为
相关经理必须放弃惯常的思维方式和行为方式。这使他们感到非常困难。
这不仅是由于他们常常缺乏执行新任务的能力（例如，会计部门的员工很
难立刻与客户就合同续约进行谈判），而且思维方式的局限性也起到阻碍作
用。（他们会想："我不是销售人员！"）

如果变更过程没有进展，其原因通常是你没有想到的。为找
到解决方案，可以退后一步，然后从另一个层级重新开始。

罗伯特·迪尔茨的模型

顾问和培训师罗伯特·迪尔茨开发的"变更逻辑层级模型"（见图6-4）源于人类学家和生物学家格里高里·贝特森（Gregory Bateson）的学习类别模型。该模型基于这样的思想，即变更是按等级组织的，每个较高层级都会构造和组织其下面的层级。

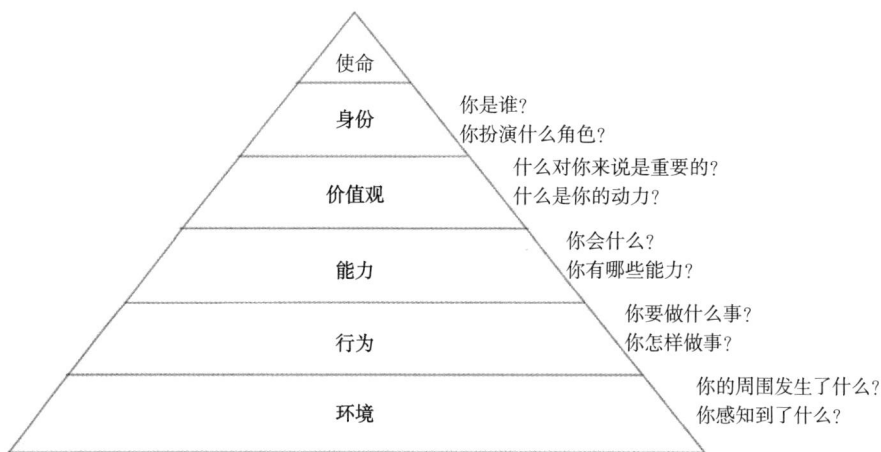

图 6-4 变更逻辑层级模型

在最低层级——环境（第 1 层级），人随行为（第 2 层级）而移动。行为的背后是能力（第 3 层级），能力帮助人们完成某种行为。能力的背后是某些行为的动机——想要发展和练习这种能力的动机。这不仅与动机有关，而且通常与价值观（第 4 层级）和信念有关。最后一个层级是身份（第 5 层级），它表达了：我们是谁，我们是怎样的人，什么属于我们，什么不属于我们。

第 1 层级：环境

环境层级包含影响个人的所有外部条件，包括我们会做出回应的一些对象：新工作、新建筑物、新地点、新技术、内部重组。

在卡特琳的案例中，该层级的变更相对较小。员工保住了工作。但是从组织层面上讲，员工可能不再属于会计部门，而属于销售部门。

第 2 层级：行为

行为层级与员工的具体行动有关。卡特琳在她的变更项目中专注于此：是否必须实施新流程？如何改变客户沟通？现在有哪些工作？将来不再有哪些工作？项目经理知道，活动和工作流程将会改变。因此，她着重确保新流程得以实施，以及对员工进行强化指导。

第 3 层级：能力

能力层级包含员工在工作中要运用的、某种行为所必需的所有能力、技巧和策略。卡特琳也意识到，员工需要新的能力来完成新任务，尤其是沟通技巧。员工需要新学习什么？哪些能力和知识还没有用到？销售工作需要哪些特殊的能力和知识？项目经理认识到培训的巨大需求，为此她需要额外的预算。

虽然客户拒绝了她的申请，但这被证明是一个错误：员工在紧急情况下缺乏重要能力，这一点是逐渐明确的。

第 4 层级：价值观

价值观层级主要包括人们认为重要的指导思想。卡特琳问自己："什么对员工是重要的？他们的价值观是什么？如果我要推动变革，我会与哪些想法发生碰撞？"她愈发意识到，员工缺乏必要的"销售基因"，而且没有特别的动机来热情洋溢地执行新的销售任务。

第 5 层级：身份

身份层级包括员工的基本自我认知：我们是谁？我们与他人的区别在哪里？是什么让我们与众不同？渐渐地，卡特琳越来越清楚地意识到：该层级是变革项目的真正症结所在！员工并不认为自己是销售人员，他们宁愿继续担任会计。只有当员工准备好接受新的身份时，价值观、能力和行为才会随之而来。在此之前，所有措施都无济于事。对于卡特琳的项目来说，并没有特别鼓舞人心的前景！

生存技巧

◆ 发挥领导者的作用！领导者必须识别问题，传达价值观，树立信念，培养能力。

◆ 变更很难通过改变员工的工作环境、引进流程或系统而顺利进行。

◆ 请记住，问题的解决方案很少能在问题所在的层级被发现，你需要研究更高的层级。

◆ 要培训员工的行为和能力。需要注意的是，请留意你的培训措施是否真的有效。

◆ 不要低估员工接受新价值观甚至新身份的难度。这需要大量的时间和耐心。

◆ 与相关人员讨论，了解他们必须在哪个层级上进行哪些改变，才能成功地完成变更。

6.7 封面故事的魔力

——未来的愿景能释放能量并指引方向

"我有一个梦想。"——马丁·路德·金于 1963 年号召 25 000 人参加华盛顿游行的愿景至今仍深深打动着我们。未来的愿景有多强烈的激励作用？未来的愿景能在多大程度上加强团结感？未来的愿景能释放出哪些能量？这些问题都逐渐明朗起来。即使在大型的变更项目中，使用愿景的力量也是很有意义的。

安德里亚感到沮丧。她召开了关于公司数字化变革机遇的研讨会。坐在她对面的是管理层和职工代表。但是与会人员并没有建设性地讨论数字化战略的潜力，而是主要围绕问题和对未来的担忧。与会人员距创新模式只有几步之遥，而创新模式对数字化变革的幻想和愿景都是必不可少的。

还记得比尔·盖茨是怎么说的吗？"如果人们害怕而非期待进步，那么我们就遇到了真正的问题。"安德里亚现在也必须考虑这一点。事实上，数字化变革正在迅速改变我们的日常生活，与会人员应该能够意识到面向未来的数字化战略在当前的重要性。"与时俱进，不进则退"这一座右铭同样适用于公司。然而，与会人员没有勇敢地起草面向未来的方案，而是停留在原地，宁愿与自己的担忧和恐惧做伴。

⊕　　在大型变更项目中，振奋人心的愿景可能成为成功的决定性因素之一。然后，项目经理的任务是与相关人员协同工作，设计未来愿景，以识别项目及相关活动。

■ 设计未来愿景

组织由想法、思考和感受塑造。强大的组织通常都有远见卓识，这不仅可以为员工提供变革方面的支持和指导，还能激励他们共同构建这些变革。这种未来愿景可能与企业有关，也可能与各个业务领域、部门或驻地有关。愿景通常源于关键人物的想法和志向。

根据初始情况，项目经理可依托企业现有的未来愿景，并在项目中援引它。或者，项目经理还可以与参与项目的人员一同设计未来愿景。对此，封面故事愿景（The Cover Story Vision™）的想法会有所帮助。

■ 封面故事愿景

封面故事愿景的想法可追溯到美国企业顾问大卫·西贝特的战略愿景（Strategic Visioning™）方法。战略研讨会的与会人员借助大型海报并通过多阶段的过程来得到指导。此过程的一部分就是以封面故事的形式设计未来愿景（见图 6-5）。

第 1 步：批判性分析

在与团队共同设计未来愿景时，应采用谨慎的方式。也就是说，不要开门见山，而是让与会人员自行进入情境。与日常业务保持适当的距离是必要的。与会人员也应该保持乐观的心态，毕竟要由他们来描绘未来的乐观设想。

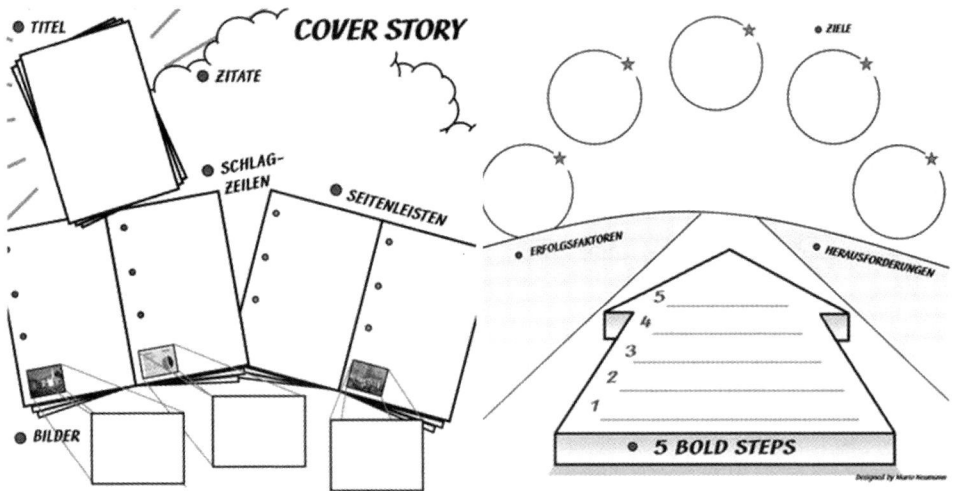

图 6-5　封面故事的示例

每个组织都在更大的范围内活动。经济环境、政治因素、技术创新和许多其他因素都影响着组织及与会人员的思维和行为。在这种背景下，研讨会的与会人员首先应对由你主持的研讨会进行批判性分析。然后，大家共同探讨当前局势，分析趋势和发展，了解环境的复杂关联。

第 2 步：封面故事愿景

"两年后，我们想了解项目的哪些信息？"带着这个问题，你开启了研讨会的关键阶段。"假如某知名杂志报道了我们的团队和我们的成功，那么故事应包含什么内容？"

与会人员正在起草两年后的某天将出版的杂志的封面故事，该故事所描述的事件将在两年内出现。你需要撰写标题，考虑要选用的表格和图片。

现在，你可以进行创造性的工作了。封面故事表达了与项目相关的成功、希望和梦想。其内容将被记录在海报上（见图 6-5 的左半部分）。

请确保与会人员在设计未来愿景时脱离现实情况。必须从一开始就考虑变更，只有这样才能创造真实愿景，而不仅仅是问题的解决方案。不要担心，不切实际的想法总能在之后被剔除。如果你允许大胆的想法，如果与会人员能分享并进一步发展他们的想法，那么这不仅营造了轻松的氛围，而且还树立了对未来的信心。

撰写封面故事被证明是使与会人员有动力和信心面对即将发生的变更的一种优雅途径。撰写关于未来愿景（成功故事）的人，最初都会忽略通往成功的艰辛道路。他在思想上已经实现了转变，并沉浸在光明的未来中。这促使我们真正走上通往成功的道路。

第 3 步：　五个大胆的步骤

实施过程还未开始。为了将未来愿景转变为现实，应将愿景与现实联系在一起。这里的关键问题是，我们应采取哪些重大步骤来实现未来的愿景（见图 6-5 的右半部分）？这些步骤来自计划的变更项目及其里程碑。但是，与此同时，相关人员对项目有了新的认识：未来愿景为他们成功应对即将发生的变更指明了方向，赋予了力量。

生存技巧

- ◆ 组织构建未来的研讨会。充分利用研讨会中的活动使员工识别变化并增强团结感。
- ◆ 让大量感兴趣的员工都参与未来愿景的制定，而不要限制参与人员的级别。
- ◆ 使与会人员适应环境。与他们讨论当前的趋势和发展，以使他们明白为什么必须进行变更。

- ◆ 允许团队在封面故事中大胆地思考和编织梦想。这能加强团结感，并给人面对未来的信心。

- ◆ 确定详细的战略计划。展示正在发生的重大变更，以及能够实现的未来愿景。

- ◆ 请记住，借助未来愿景，你能够为变更项目提供方向，并鼓励员工工作。

第7章

谈判，请给我我想要的
——项目经理作为谈判者

项目经理在整个项目过程中要与客户、供应商等各类相关方进行谈判。如果项目经理能以谈判者的身份更专业地工作，从而更好地代表项目的利益，那么他们会取得更大的成功。

谈判？乍一看，该主题似乎与项目管理无关。但是，在项目执行过程中会出现许多需要谈判的情况：与职能经理讨论某重要员工的部署；员工想提早下班，但项目迫切需要他；供应商希望获得更好的条件；客户对项目有其他要求；尽管存在缺陷，客户仍要进行验收……对于项目经理来说，谈判是日常工作的一部分！

作为项目经理，你不断要面对的任务是，在复杂的组织中代表并实现客户、职能经理、供应商及员工的目标和利益。几乎所有对话都会变成谈判。在谈判中必须达成可行的一致意见。指导委员会的会议或例会可能尤其具有挑战性：在这类会议中，你必须与经验丰富的经理人进行激烈的辩论，而他们具有出色的沟通技巧。

对于项目经理来说，谈判通常是一个真正的挑战。一个错误可能对项目产生直接影响，因为这会增加工作量或时间压力。因此，在不同的情况下进行专业谈判很重要。本章旨在帮助项目经理正确地准备谈判，在团队中开展良好、和谐的谈判，以及自信地应对谈判伙伴的战术游戏。

团结造就顽强。当项目经理独自领导艰难的谈判时，很容易出现无法统揽全局的风险。谈判也可能变得激烈和情绪化——作为个人，保持头脑冷静并不容易。因此，谈判应该以团队为单位来进行。如何组织团队谈判是第 7.1 节的主题。基于 FBI 的角色分配方法被证实是有效的。

索赔经理时间。索赔管理，即对追加要求的处理，这通常决定一个大型项目是否能以盈利收尾。由于变更在复杂项目中通常无法避免，项目经理必须专业地处理由此产生的追加要求。第 7.2 节简要介绍了索赔管理，你将了解如何处理合理的追加要求。

根据 AVÜV 原则进行谈判。作为项目经理，你要主导各种谈判。例如，你要商定合同，与客户和供应商协商服务及条件，或者确保职能经理为项目提供必要的支持。一方面你要从项目中获得最大的收益；另一方面你要为双方找到公平的解决方案。只有这样，解决方案才能获得持久的效果并促进合作。在第 7.3 节中，你将了解哈佛大学在研究项目中形成的方法。它包括四个步骤：激活、理解、一致和协定。

策略规划师。谈判的准备与谈判本身同样重要。谈判的准备时间至少应与可预见的谈判时间一样长。应深入了解谈判主题及谈判对手，并以此开发自己的谈判方法。在第 7.4 节中，你将了解谈判准备的十个要点。

最好的王牌。谈判的结果至少取决于每个谈判对手的替代方案。因此，切勿在不了解自己的 BATNA 的情况下进行谈判。BATNA 是"谈判协议的最佳替代方案"的缩写，意味着实现谈判结果的"最佳替代方案"。万一谈判失败或无法达到理想的结果，BATNA 就像一个安全网。第 7.5 节将说明，"最佳替代方案"如何帮助你坚定谈判立场。

典型谈判技巧。你了解吗？你应进行充分的准备，乐观地开始谈判。如果你已了解谈判对手，并且你的目标明确、论据合理，那么实际上不可能出现任何问题。但是谈判的进展总会与预期不同。有时，你的谈判对手会诱使你做了你不想做出的让步。回顾一下，你将发现这是使你成为"受害者"的典型谈判技巧。在第 7.6 节中，你将学习一些典型的谈判技巧。

"以牙还牙"策略。在很多情况下，若双方可以合作，则能达成更好的谈判结果。当人们在项目和谈判中以友好的方式沟通时，谈判通常能够成功。然而，许多项目都是在极其不利的条件下开始的，相关人员之间并不友好。与其合作，不如关注自己的利益。在第 7.7 节中，你将学习"以牙还牙"策略，即使在困难的条件下，也可实现合作，从而显著增加在冲突的情况下寻求双赢解决方案的机会。

7.1 团结造就顽强

——团队中的成功谈判

项目经理很乐意带他的"技术员"参加重要谈判，后者应向他提供技术支持。这本是个好主意。但有时技术员提供的"最好的"帮助会使项目经理的脉搏加速。虽然以团队为单位进行谈判的胜率更高，但前提是明确定义了角色和策略。

由安德烈亚斯领导的项目遭遇延期（服务提供商的工作落后了很多）。这是非常令人不快的——对于外部客户来说，这带来了很多风险。两位总经理因此感到紧张。他们与安德烈亚斯一同坐在谈判桌旁，与服务提供商商定新的截止日期，并协商应由谁来承担延期所导致的额外费用。

实际上，安德烈亚斯事先已与两位总经理商量好对策。但是谈判变成了激烈的辩论，之前准备好的论据不再有合理性。谈判中，总经理不断地做出让步。安德烈亚斯认为这毫无必要。

以项目经理的身份来进行重要的谈判是有风险的。在困难的情况下，这很容易失去对全局的统揽，并可能做出激烈且情绪化的反应，从而给谈判结果带来负面影响。因此，建议以团队为单位进行谈判。但这也有风险，在安德烈亚斯的例子中，如果谈判团队的成员不采取一致行动，则很容易适得其反。

以团队为单位进行谈判可能非常有效。但是，这要求项目经理事先明确定义参与者的角色和谈判策略，并与团队共同准备谈判。

像联邦调查局（FBI）一样进行谈判

在谈判团队中，必须明确分配角色。谈判专家马蒂亚斯·施兰纳在实践中参照了 FBI 的谈判方法。困难的谈判通常不会由一个人单独进行，原因很简单：独自进行谈判的人会专注于谈判目标，并在谈判的策略和论据上更加集中精力。虽然谈判者能够更有目的性地进行谈判，但忽略了倾听和观察。在非常紧张的谈判中(如劫持人质)，谈判者可能错过重要的线索。

因此，在 FBI 进行谈判时，谈判者会得到其他人的支持，该人主要负责观察对方，倾听对方并记录他们的反应。

三人一组的谈判

基于 FBI 的谈判方法，马蒂亚斯·施兰纳建议划分三种不同的角色。当然，这些角色也可促进项目中的谈判。

- "谈判者"——担任谈判代表的角色，负责制定议程并提出要求。
- "指挥官"——主要负责聆听，有策略地进行思考并确保遵守事先商定的谈判路线。
- "决策者"——对结果负责，并最终决定下一步的程序。

这三种角色将分别承担不同的任务。

谈判者

谈判者是面向外部的谈判代表，也是面向对方的唯一联络窗口。但是，谈判不是由他一个人来做决定的。谈判者试图在谈判中与对方建立情感上的亲近感和信任。这说明，决策不是由谈判者自己做出的，而是由第三方做出的。因此，谈判者应在谈判一开始时指出，在进行重要决策时需要与团队协商。显而易见，作为项目经理，你最好将谈判者的角色留给具有专业技能的技术专家，让他主导谈判。如果你的谈判者失败了，你可以轻松地替换他，而不会打破决策链或造成战略劣势。

指挥官

指挥官在谈判过程中一直待在幕后，并从远处监控谈判。他要分析对话，倾听，并对谈判者提供支持。项目经理适合担任这一角色。

作为指挥官，你应对谈判策略负责，并且尽可能地不直接干预谈判。重要的是，你应尊重谈判者，不干涉他的专业责任领域。否则，你将削弱谈判者作为技术专家的权威——不仅体现在谈判期间，而且也体现在项目的其他环节。

无须亲自发言、回答和辩论，这为你提供了一个巨大的优势。你可以倾听和观察，并了解许多被谈判者忽略的东西。此外，你还可以站在项目经理的角度自由地监控谈判。这样，你可以保持头脑冷静，即使在混乱中也能统揽全局。

决策者

决策者拥有最终的决策权，在最后阶段决定下一步的程序。当其他所有人都说"不"时，他可以说"是"；而当其他所有人都说"是"时，他可以说"不"。在重要的项目谈判中，此角色由总经理或部门主管担任。在其他情况（例如，进行小型决策）下，当然没有必要这样做。通常，只有在对方配备决策者的情况下，你才需要将决策者引入谈判。

■ 演练是必要的

为避免谈判中的矛盾和不一致性，做好充分的准备至关重要。重要的是，你要认真地指导相关人员——每个人都必须熟悉自己的角色。实践证明，通过"彩排"来演练即将到来的谈判是非常有必要的。

> **生存技巧**
>
> ◆ 请记住，以团队为单位进行谈判通常是谈判成功的关键。
>
> ◆ 预留足够的时间进行准备。与一对一的谈判相比，团队谈判的准备更耗费精力。
>
> ◆ 与谈判团队一起定义目标、策略和战术，这是成功进行团队谈判的唯一方法。
>
> ◆ 确保团队中的每个人都有明确的角色，并且每个人都清楚自己的责任范围。
>
> ◆ 进行谈判的"彩排"。通过这种方式，你可确保谈判团队中的所有成员真正协调一致。
>
> ◆ 避免使用过于透明的谈判策略。如果你在这一点上失败了，就会出洋相。

7.2 索赔经理时间

——在他人畏惧的地方谈判

项目业务的竞争日趋激烈。项目的利润通常很少，因此有一个主题尤为重要：专业地处理偏差、变更和追加要求，以使项目最终仍可获利。此时，需要用到索赔管理。

洛塔尔和他的团队正在建设工厂。在项目执行过程中，客户提出变更请求：首先换用另一种机器人技术，然后改建另一条电缆线路。洛塔尔最终屈服了，尽管额外费用巨大，而且尚不清楚应如何保持交期不变。最终，额外工作导致多出大约 9 000 个工时，需要由客户结算。但是，客户拒绝结算并指出，项目合同赋予他随时进行施工变更的权利。

洛塔尔的案例很典型，项目经理满足了客户的额外变更请求，他觉得有理由要求延迟交期，或者要求客户支付额外的费用。但是，洛塔尔错误地判断了这些额外变更请求的索赔条件。他认为自己是对的，却不知道与客户的合同中明确约定了什么。这是危险的游戏！

　　由于项目变得越来越复杂，所以索赔管理（处理追加要求）的重要性日益凸显。作为项目经理，你的任务是专业地处理偏差、变更和追加要求。

什么是索赔管理

索赔的事项是，由于变更请求和与原始项目订单的其他偏差而产生的追加要求。但是，在特定情况下，并非总能客观地定义哪些事项属于索赔的范围，例如，客户所理解的在项目框架内的正常请求，你也可能将其理解为索赔范围。

索赔管理主要是对基于合同的要求的管理：客户针对待完成的服务签订合同。通常，这类合同属于工作合同——工厂建设、零部件生产、生产过程自动化或 IT 系统的引进。一旦"工作"被完成并按协议移交，就认为合同已经履行。

在合同中详细说明服务（责任手册、数据表等）至关重要。这是明确定义额外费用并进行有效索赔管理的唯一途径。成功实现合理的附加索赔，对于项目的经济效益意义重大（见图 7-1）。

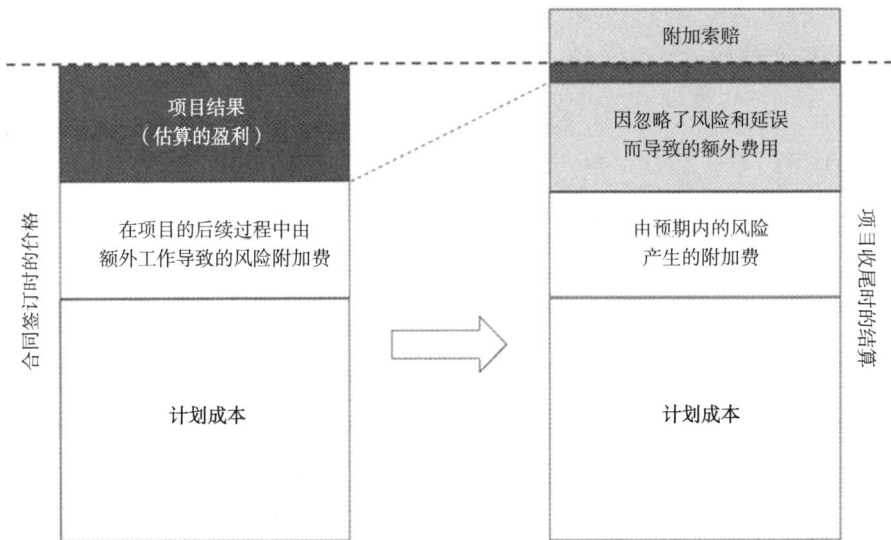

图 7-1 附加索赔说明示意图

■ 提前规范索赔条款

应尽早开始索赔管理——与客户签订合同之前。起草合同的工作不要交给销售部门！为了不影响订单，销售人员倾向对客户做出让步或忽略关键问题。但是，问题将在以后的项目实施过程中暴露出来。因此，你应参与合同的起草，并检查合同草案的可行性、成本、风险及交付和验收条件。

作为精明的项目经理，你应在制作项目订单前就确保自己的索赔。你还应采取措施，通过转移风险、预测额外费用和规范合同索赔来保护自己免受项目合作伙伴可能提出的其他索赔。

■ 获得合理的报酬

要禁得住诱惑，避免将索赔管理视为可在签订合同后增加利润的"摇钱树"。索赔管理的目标并不是从客户的口袋里掏钱，这会对未来的项目带来负面影响。

索赔管理的目标更侧重于：作为项目经理，你要事先确保合同不会带来任何令人不快的意外，并且项目能以最佳的状态运行。若在项目执行过程中还有追加要求（如服务和酬金），则其对项目的影响程度取决于你的谈判技巧。

例如，如果客户违反了一项基本义务，通常很难从中提炼出具体的追加要求。为了评估此违规行为的财务影响，必须完整地记录成本——从额外的工作时间，到材料成本，再到可能的融资成本。

显而易见，索赔需要具备说服力、谈判技巧和服务导向的意识。另外，良好的团队协作、沟通优势和执行力也必不可少。

生存技巧

◆ 从之前的项目中学习。在项目收尾时，与你的团队一起坐下来思考：哪些需求还不够明确？何时产生了额外费用？产生了哪些追加要求？

◆ 在制作项目订单前进行风险分析。这样，你可以及时识别主要风险，并将它们"纳入"订单。

◆ 量化风险。只有这样，才能估算出风险可能对项目结果产生的影响，并在预算中予以考虑。这为你提供了额外保障。

◆ 在签订合同前，请确保项目订单不会带来任何令人不快的意外。

◆ 尽可能准确地在合同中指定和定义待提供的服务。追加要求只能在这些服务的范围外提出。

◆ 追加要求会带来很多潜在冲突。让客户为可能遇到的挫折做好心理准备。这样，你就无须被迫采取行动了。

7.3 根据 AVÜV 原则进行谈判

——四步实现良好的谈判结果

谈判是项目经理最重要的任务之一。源于哈佛大学研究项目的一种方法可能有所帮助。该方法由四步组成，通常适用于谈判，理论上能产生一个好的解决方案。

安娜-雷娜正在看她的手表。距离能在很大程度上决定项目成功与否的谈判，还有 15 分钟的时间。在指导委员会的最后一次会议上，她要求某专业部门支付额外费用。现在，她正在等待该部门的负责人，并要与他讨论自己的额外费用。实际上，这件事并不像看上去的那样一目了然。项目经理自信地认为，一切都尽在她掌握。这是一个错误，在谈判开始后的短短几分钟内，她就在争论中处于下风。那位准备充分的部门负责人胜券在握，在谈判中迫使她不断让步。

谈判技巧的重要性在项目中常常被低估。与项目经理安娜-雷娜一样，许多项目经理认为他们对情况太熟悉了，以至于在谈判前不需要任何真正的准备。这会带来巨大的风险，即败给经验丰富的谈判对手，或者在无意间损害项目利益。

> 作为项目经理，你的任务是在众多谈判中代表项目的利益。因此，需要采用能够保证良好谈判结果的方案。

本节介绍的方法来自"哈佛谈判项目"——哈佛大学的一个研究项目。由 Roger Fisher、William Ury 和 Bruce Patton 组成的研究小组调查了促使谈判成功的因素。他们的研究被称作"哈佛概念"并广为人知，其基本原理可用一句话概括：对你的谈判对手要公平，但对事情本身要保持强硬。

该方法包括激活、理解、一致和协定四个步骤，也被称为 AVÜV 原则。

A = 激活

谈判过程的第一步是互相试探阶段。谈判对手试图发现，他正在与谁打交道，对方的想法是什么，他应如何做出反应，以及应以何种形式进行交流。这个阶段的关键是互相了解。因此，营造一个能够建立信任和可持续关系的积极氛围十分重要。

具体做法如下：

- 在谈判开始时，营造能够建立信任的氛围。在此基础上，你可以在谈判中努力争取自己的利益。
- 与谈判对手建立公平的关系。这是与对方寻求针对不同利益的共同解决方案的第一步。

V = 理解

许多谈判都以失败告终，问题通常表现为两个看似不相容的立场之间的冲突。双方都陷入了既耗时且几乎无效的讨价还价。此时，他们忽略了一个事实，即对立立场并不是主要问题，问题更多地在于不同的利益、愿望或需求之间的冲突。因此，要清楚，即使双方的立场看起来不相容，也有可能实现符合双方利益的解决方案。

具体做法如下：

- 要假设双方都有各种各样的利益；要了解对方的利益。因此，询问对方的目标、愿望、想法和需求。
- 协调利益，而非立场！按照这一原则，通常可以取得理性的结果，因为对立立场的背后大多是共同的或至少可协调的利益。

◼ Ü = 一致

现在的问题是，如何将相互矛盾的利益协调起来，并为其找到解决方案。为了避免简单地就最少的共同点达成一致，应尝试尽可能多的选项。在此，适合采用可收集大量解决方案的头脑风暴会议。基本规则是，不评估想法，甚至不马上做出决策。

具体做法如下：

- 找到一致之处和双方共同的利益，而不要简单地就最少的共同点达成一致。
- 避免仓促决策。不要立即寻找正确的解决方案，而要先收集想法。避免假定"蛋糕"是有限的。

◼ V = 协定

时限压力常伴我们左右，并且在谈判中可能成为"致命"因素。例如，如果谈判者在顺利进行谈判后看了一下手表并匆忙赶往下一个谈判，他会因急于得出结论而危及谈判结果。因为最终的协定才是决定性的，它应为所有各方明确地、透明地定义一致的执行方式。

具体做法如下：

- 不要当谈判正在慢慢瓦解时，才开始确保结果。
- 在谈判进行过程中，要时不时地记录中间结果，以免最后从零开始总结。
- 只要误会仍未消除，请勿离开谈判。开诚布公地讨论这些问题，并就如何处理达成一致。

生存技巧

◆ 营造积极的气氛。前提条件是，基于理解和信任，不带偏见、相互尊重地打交道。

◆ 将人际关系与客观问题分开。不要仅为了关系而让步。

◆ 聚焦共同利益，而不是立场。这使你有机会寻找共同的解决方案。

◆ 通过头脑风暴会议，获得发现新的替代解决方案的机会，进而寻找双方共同的利益。

◆ 达成明确的协定，并为各方确定执行协定的具体步骤。

◆ 尽可能详细地阐明执行方法。准确记录：谁应在什么时间完成什么事；谁告知谁；商定的步骤应具有怎样的范围和质量。

7.4　策略规划师

——谈判策略的十个要点

飞行员之间有一句俗语："你在地面上挥洒的汗水越多，在空中挣扎得就越少。"主导谈判的项目经理也是如此。项目经理准备得越充分，就越能在困难的谈判中自信地做出反应。本节将为"策略规划师"提供经实践检验的指南。

莱因哈特沮丧地凝视着他的办公桌。他刚刚与客户进行了一次非常糟糕的谈判。尽管他已经从技术项目经理那里收到了一个简报，也感觉自己做好了充分的准备。但他很清楚，这还不够！他在谈判期间意识到，对方拥有非常丰富的经验。最后，他同意了一个远远低于自己最初设想的协议。若不接受，他会面临项目被取消的风险。

和莱因哈特一样，很多项目经理总是会犯在没有明确目标和战略指引的情况下就进行谈判的错误，并很快为此付出代价。例如，在谈判中突然缺少论据，使得对手获得了越来越多的支持——最终对手的主张占了上风。

充分的准备是谈判成功的一半。以下十个要点将帮助你制定成功的策略，并为谈判做好充分准备。

准备谈判的十个要点

1. 关系：与对方的关系如何？

双方的关系是否能够维持正常的谈判，是否需要改善？我对谈判对手的信任有多少？对方对我的信任有多少？双方是否毫无成见？过去是否发生过破坏互信的事件？双方是否都为建立良好的关系做出了贡献？如果双方的关系紧张，如何改善关系？我如何开启对话，以便建立积极的关系？

2. 参与者：谁将参与谈判？

对方有谁参与谈判？这些参与者的立场是什么？他们在谈判中扮演何种角色？谁与我共同参与谈判？如何在谈判中对我方人员进行角色划分？

3. 主题和目标：谈判的重点是什么？

双方是否事先都明确谈判的主题？应解决哪些问题？谈判的目标是什么？谈判的重点是就特定主题达成共识，还是找到共同的解决方案？我的谈判对手也知道谈判的重点吗？应避免出现对方无法准备的谈判情况（对方会认为谈判是被操纵的，这会给双方带来压力）。

4. 后果：未达成一致会引发什么后果？

如果谈判未能达成一致，后果将是什么？这些后果对我有什么影响？对对方又意味着什么？

5. 利益：涉及哪些利益？

我想实现什么？我的目标、愿望和需求是什么？我的利益点是什么？为什么期望的结果对我如此重要？我在谈判中采取的立场有何作用？如果我必须让步，那么什么样的结果能令人满意？谈判对手会有怎样的立场？他想实现什么？他的利益点是什么？这些利益基于何种需求？如果我站在他的位置，那么我的利益点会是什么？即使必须放弃初始目标，我会对怎样的结果感到满意？能令对方满意的结果是什么？

6．替代方案：谈判结果有哪些替代方案？

我能容忍的极限在哪里？我在什么情况下不再对谈判结果感到满意？谈判结果的最佳替代方案是什么？假设双方无法达成一致，那么还有什么替代方案？在某些情况下，即使没有谈判结果，仍然会有好的解决方案。相反，对方有哪些替代方案？

7．回旋余地：有哪些回旋的余地？

什么是我无论如何要达到的？相反，我在哪些方面可以灵活变通？我可以相对轻松地放弃哪些要点？对方可能有哪些回旋的余地？我如何利用这些回旋余地？

8．选项：可能的解决方案有哪些？

哪些解决方案可以解决利益冲突？利益可以合并吗？哪些选项可以满足双方的利益和需求？我在什么情况下可能向对方提供一些选项？对方可能为我提供哪些选项？我对此将如何反应？

9．让步：在哪里做出妥协？

我能在哪几点上妥协？我想在谈判中向对方提供什么选项？

10．方法：你遵循何种谈判策略？

我应如何开始谈判？我按什么顺序讨论哪些主题？哪些要点对我很重要，我该如何提及这些要点？在哪里可以巧妙地引出这些要点？我该如何表达自己的利益点，同时也给对方明确表达其利益点的机会？

生存技巧

◆ 在没有明确的策略前，请勿进行谈判。如果没有做好准备，你将不可避免地在谈判中陷入被动。

◆ 即兴谈判通常使人感到惊慌和措手不及。如果有可能，请不要参与其中。

◆ 在谈判过程中提出问题，以便你真正了解对方想要达成的目标。

◆ 思考你想尽早讨论的主题，以便为对方做出让步。

◆ 练习你的应变能力。思考在不同情况下的行为方式。为此，请假设一些谈判情景。

◆ 为在谈判中说"不"做好准备。这是防止谈判朝错误方向发展的唯一方法。

7.5　最好的王牌

——好的替代方案可帮助你坚定谈判立场

BATNA 是 "Best Alternative to a Negotiated Agreement" 的首字母缩写，意为"谈判协议的最佳替代方案"，即替代协议。事实上，并非有好的论据就能确保你在谈判中有坚定的立场。相反，任何不惧谈判失败的人，都具有坚定的立场。

卡琳娜即将与服务提供商进行谈判，后者在其项目中承担重要的编程服务。当想到即将进行的谈判时，她有种不祥的预感：她在之前的项目工作中投入了大量资金，但是项目的成功现在完全取决于编程。她担心自己会在与服务提供商的谈判中让步，并且会过快地对服务提供商的要求做出响应。卡琳娜应如何达成最终让她满意的协议呢？

谈判的结果主要取决于谈判对手掌握的备选方案。对于卡琳娜来说，这意味着项目经理应该首先"环顾四周"，寻找可能的替代方案，以便在紧急情况下进行编程工作。那么，在必要时，她可以中断谈判。另外，如果没有这样的 B 计划，她将被迫达成协议（对服务提供商提出的条件过快做出响应会带来巨大的风险）。

> 好的论据不足以帮你维持坚定的谈判立场。更重要的是，你要拥有一个吸引人的替代方案。

▨ 避免一味妥协

BATNA 并非新概念。谈判专家罗杰·费舍尔和威廉·乌里于 1981 年出版的 *Getting to Yes* 一书中首次出现了"谈判协议的最佳替代方案"。BATNA 描述了应对谈判失败的最佳替代方案，其核心问题是："如果谈判失败了，我们会怎么做？"

BATNA 主要指出了制订 B 计划的重要性。事实上，坚信还有另一条可行之路通往目标，叫避免在谈判中一味妥协。替代方案越好，对谈判对手的依赖性就越弱，你的谈判信心就越强。

▨ 巩固自己的谈判地位

那些了解 BATNA 的人，能够在谈判过程中更有原则性。他知道，从何时开始继续进行谈判已不再有意义。有时候，正是这种明确的态度带来了谈判的突破，尤其是当让对手知道有更实惠的替代方案时。

在谈判前仔细检查和评估可能的替代方案是值得的。已制定的替代方案可坚定你的谈判立场，并确保你在谈判服务和条件时清楚地认识到，在哪一点上让步是有意义的。这样可以避免接受比替代方案更糟的协议。

◢ 你可这样确定 BATNA

从战略角度看待你即将进行的谈判。

- 我想在项目框架下实现什么？
- 我还能借助哪些替代方案来实现这一目标？

列出所有选项，并评估每个选项的工作量和收益。

如果即将进行的谈判是关于购买某种服务的，如卡琳娜的案例，则可提前从其他服务提供商那里获取报价。如果其他提供商的报价都低于100 000 欧元，那么很明显，你在谈判中应使对方的报价低于该阈值。

带着确定的报价开始此类谈判。感觉如何？

对于许多项目经理来说，现实当然是不同的。当资源出现瓶颈时，它立即意味着："只有迅速找到能向我们伸出援手的服务提供商，我们才能遵守项目期限。在任何情况下，与原服务提供商的交易都不应提前中断，否则我们还要再次进行调研，获取报价并进行谈判。那将持续太长时间！"

显而易见，这种态度导致谈判立场不够坚定。没有 BATNA，你最终不得不接受他人给你的条件。

◢ 如果没有替代方案，怎么办

只有准备了 BATNA，你才能在谈判中拥有合理的底线。因此，请务必花一些时间，提前找出"最佳替代方案"。

但是，如果找不到 BATNA，该怎么办呢？无论如何，你都应该尽力寻找 BATNA。如果真的没有其他替代方案，那么你至少知道，最好不要把谈判搞砸。即便如此，也要带着明确的想法参加谈判，如设定 95 000 欧元的上限。

◢ 每分钟的准备工作都是值得的

得益于互联网，你可以访问庞大的信息库，因此，你通常可以在短时间内针对几乎所有情况找出对应的 BATNA。不难想象，在经过半小时的网上冲浪后，你可能比任何经销商都了解新车的价格。

每分钟的准备工作都会为你带来几十倍的回报。不要"空手"参加谈判，也不必虚张声势，拥有 BATNA，你就有了最好的王牌。提前将它放进口袋即可！

生存技巧

- ◆ 在谈判前制定替代方案：如果未能达成一致，该怎么做？确定你的"最佳替代方案"。
- ◆ 请记住，"最佳替代方案"越好，你的谈判筹码就越多，谈判成功的可能性就越大。
- ◆ 仅当谈判达成的解决方案比你的"最佳替代方案"更好时，才同意此解决方案。
- ◆ 调查对方是否有比提议的解决方案更好的替代方案。
- ◆ 如果你的"最佳替代方案"特别有吸引力，那么将其透露给对方将对你十分有利。这样，你可以进一步增强自己的优势。
- ◆ 为所有重要的议题找到替代方案。这样一来，你不必被动地接受谈判结果，而是根据你的意愿主导谈判，从而赢得交易。

7.6　典型谈判技巧

——如何发现和反击对方的"战术游戏"

有些项目经理分享了其亲身经历：他们进行了充分的准备，乐观地走上了谈判桌，又深感困惑地走了下来。完全出乎意料的是，他们向对方做出了实际上不想做的让步。回想起来，对方采用了一些典型的谈判技巧。

年轻的项目经理亚尼娜为一家装备制造商规划生产装备。在项目中，她必须与一些买家打交道，而这些买家有时让她感到力不从心。最近，这些买家中的一个让她等了半小时，并彻底打乱了她的计划：他没有切入主题，而是顾左右而言他，否认事实，并每隔几分钟就不屑一顾地摇摇头。亚尼娜感到被怠慢。

以亚尼娜的故事为例，买方追求的目标是为其公司获得最佳的谈判结果。这属于谈判技巧的一部分。对于相关的项目经理来说，这似乎是不公平的。但是抱怨无济于事：谈判技巧是谈判的一部分，正如战术犯规是足球比赛的一部分一样。如果不接受这一事实并以正确的反应予以反驳，项目经理将丧失在谈判中的优势地位。

> 在进行谈判时，你必须考虑到，对方可能通过采用一些谈判技巧来获得优势。在这种情况下，了解谈判中的战术游戏并自信地做出反应是有帮助的。

▪ 萨拉米香肠战术

萨拉米香肠战术是一种常见的谈判技巧。谈判对手希望利用它来抛出更广泛的需求。但是他没有直接提出真正的需求，而是将其"切成薄片"。这样一来，他掩盖了需求的真实范围。你很可能因急于达成协议而接受不断出现的单个需求。

注意：比起在一开始就提出真正的需求，这种战术可能让你最终做出更多的让步。因此，请勿让自己失去主动权。你要尝试获得需求的概览："为了不忘记任何重要的内容，我们希望能够首先了解所有要点……"要不断地追问，直到你清楚所有的背景为止。只有这样，你才可以开始谈判。

▪ 攻击战术

通过攻击战术，谈判对手会对你进行人身攻击。他会批评你的业绩、项目进展、公司或产品。其目的是让你阵脚大乱。你会生气地做出反应，并且专注于为自己辩护。这是经典的调虎离山之计。

注意：若你因此而情绪激动，则你很容易忽视你的谈判目标。你将专注于应对对手的攻击，而不是谈判内容。请明白这一点：这种攻击会将你逼至角落，让你在谈判中处于下风。因此，请不要因对方的言辞而耿耿于怀，而要继续直视对方，与其平等地谈判。

◾ 不安战术

不安战术与攻击战术类似，但是不安战术采用了更微妙的方法。例如，你的谈判对手用各种行为表示他的不屑：他让你久等；他忘记了你的名字；他与你几乎没有眼神交流；他忙于其他的事情。他这么做的目的是使你感到不安，并且像攻击战术一样使你阵脚大乱。这一战术的核心在于：当你失去自信时，你也将失去谈判目标。

注意：不要仅为了引起谈判对手的注意或兴趣，而接受对方过分的条件。你应保持镇定并询问："你今天看起来很忙。我该怎么做，才能让你关注我们的对话？"

◾ 友谊战术

与攻击战术和不安战术相比，友谊战术让人感到非常愉快。谈判对手对你的项目和业绩表示赞赏，但隐藏着使你难以拒绝的其他用心。谁会拒绝这样一个友好的人呢？

注意：以朋友的名义，人们愿意满足那些通常无法满足的愿望，并提供通常无法提供的支持。不要掉入这个陷阱！感谢新"朋友"的赞美，并指出你无法自行决定重要的谈判结果——这将给你留出一些喘息的时间。也许，你可以将友好的"愿望"与回报结合起来。毕竟，互惠互利是基本原则。

■ 奴仆战术

在奴仆战术中，你的谈判对手扮演着奴仆的角色。他对你的兴趣、需求和立场表现出充分的了解，但同时暗示你，他的双手被束缚了。遗憾的是，更高一级的主管（做决策的人）追求其他目标和优先事项，而他（做事的人）无法改变这些目标和优先事项。奴仆战术的目标显而易见：对方不想留出谈判的回旋余地。你提出的每项要求都会被某位更高一级的主管驳回。

注意：要警惕奴仆战术。否则，你将面临接受对方建议、最终一无所获的风险。或者你以共同商议的方式吸引谈判对手："嗨，即使没有 XY 参与，我们也可以共同完成。"如果谈判对手不同意，建议中止谈判，并请对方安排一次与"更高一级的主管"的对话。

■ 巨额交易战术

在一开始，巨额交易战术涉及的建议听起来大有前途。在谈判早期，谈判对手表现出对长期合作的浓厚兴趣。他描绘了共同的利益，并指出了合作的巨大潜力，如后续订单。该战术的目的是，让你做出让步（鉴于他所承诺的巨额交易，他希望你做出重大让步）。

注意：无论你多么欣喜，都要明确报价的约束力和实际的潜力。如果谈判对手对此仍然含糊其词，建议你谨慎行事。花点时间问清事实，并仔细地思考。

生存技巧

◆ 确保你的谈判对手能公平行事，并且你也不想使用谈判技巧来使对方做出让步。

◆ 建议对战术游戏自信地做出反应。否则，对方会把你归为弱者和不太有主见的人。

◆ 做好准备。这样，你就可以密切地关注自己的目标，不会让战术游戏轻易地使你失去理智。

◆ 请记住，谈判不是战斗。你要在谈判中了解谈判对手，发现双方的共同利益并找到可行的解决方案。

◆ 始终尊重你的谈判对手。即使在紧急情况下，也要保持镇定、矜持和谨慎。

7.7 "以牙还牙"策略

——提高双赢解决方案的机会

"以牙还牙"的意思是，"你怎样对我，我就怎样对你"。这隐藏着由多伦多大学教授阿纳托尔·拉波波特于 1960 年代提出的大有前途的谈判策略。该策略的核心是基于合作的行为。

让我们做一个思维游戏。假设你与一位同事共同破解了各种自动取款机。现在，你们两人都因涉嫌作案而被捕。在单独审讯中，你得到保证：如果全部招供，你将被无罪释放；你的同事将被关押五年。如果你的同事招供，则过程相同：他被无罪释放，而你必须坐牢。背叛将得到法院的奖励，前提是只有一名背叛者。如果你们彼此背叛，你们都会被判入狱三年。但是，如果谁都不背叛对方，那么你们都可以在短短几个月内出狱。

大多数人都会为自己的利益着想，并选择可能获得最大收益的选项，在此案例中，该选项为免于惩处。结果，"被告"相互背叛，都必须入狱三年。在博弈论中，这种情况被称为"囚徒困境"。类似的问题也一次又一次地出现在项目中。在这一点上，寻求个人利益似乎总是比互惠互利的结果更为重要。

如果双方能够合作，在许多情况下都可以获得更好的谈判结果。"以牙还牙"策略是实现这种合作的一种非常简单的方法。

罗伯特·阿克塞尔罗德的计算机竞赛

1980 年，为找到解决囚徒困境的最佳策略，美国政治学家罗伯特·阿克塞尔罗德邀请了当时最著名的博弈论专家参加计算机竞赛。每个参赛者各自制定了一个策略，并通过计算机程序来实现。然后，每个程序都在 200 步之内与其他程序及自己竞争。这些程序所遵循的策略各不相同。一些策略非常简单，另一些则基于复杂的统计学方法。一些策略是合作式的，另一些则是对抗式的。

获胜的策略来自多伦多大学心理学和数学教授阿纳托尔·拉波波特，是该竞赛中最简单的策略之一。它名叫"以牙还牙"（Tit for Tat），就是"你怎样对我，我就怎样对你"的意思。

友好而成功的策略

该策略的成功基于以下四个原则。

- **友好**。始终以友好合作的方式开始博弈。
- **挑衅**。不要对不公正的攻击置之不理。如果对方不配合，请坚持自己的想法。同时请你进行攻击，以免被利用。另外，请你用合作来回应对方的合作行为。
- **宽容**。请保持宽容。合作如果失败，请再给对方一次机会。如果对方想在攻击后再次合作，请恢复合作。
- **可理解**。让你的行为具有可预测性，以便对方能够适应你的行为模式。

对于囚徒困境，这意味着：你通常会以合作的方式开始博弈，并通过保持沉默来帮助同伙。如果同伙不保持沉默，请找机会向他说明，你也可以不公平地"博弈"。按照"以牙还牙"的策略，你将招供并出卖同伙。然而，当你发现对方屈服并寻求再次合作时，你可以立即切换回合作模式。

◢ 该策略在项目中的应用方式

"以牙还牙"策略适用于所有长期关系，因此也适用于长期项目中的项目合作伙伴。这是一种"信任策略"，它使你不会盲目地信任另一方，同时也为你提供了一种防御：你是否合作，始终取决于对方的行为。

如果项目经理总是表现出合作的态度，而不考虑其他参与者的行为，那么对方会利用这一点。这简直是在鼓励项目中的相关方，将自己的利益放在共同利益之上。"信任策略"并不意味着放弃控制。相反，它意味着积极和消极行为均表现为绝对的可预测，因此值得信赖。此策略的座右铭为："任何为项目做出贡献的人都请放心，我将以我的行动来犒赏你。相反，如果你对项目毫无贡献，甚至试图欺骗我，那我不会容忍这种行为。"

"以牙还牙"策略将建设性合作的积极意愿放在首位，因此从本质上不同于破坏性的和逐步升级的报复策略。在实践中，这可以从以下事实中看出。你在一开始就主动采取行动，并为对方提供了互惠互利的合作。然后，你和合作伙伴始终坚持这一合作路线。但是，如果合作伙伴试图以不公平的方式单方面获得利益，那么你将立即做出回应并采取制裁措施。当然，你接下来应重新提交建设性合作的提议。

大量实践表明，通过始终如一地应用"以牙还牙"策略，绝大多数相关方很快就会采纳建设性合作的提议。因为他们已经认识到，不公平的行为不会带来任何好处。

生存技巧

◆ 始终以友好合作的方式开始谈判！践行"合作带来更多利益"和"你的成功也是我的成功"的原则。

◆ 始终回应你的谈判对手，无论双方之前的关系是合作还是对抗。

◆ 不要对事情耿耿于怀。你要对抗不合作的行为，但在合适的时机应再次提出合作。

◆ 避免不必要的误会。误会会很快破坏双方的合作。

◆ 请注意！精明的谈判对手可能把你看穿，并试图通过挑衅来影响你的策略，从而迫使你接受其不合作的行为。

◆ 留意对方是否在无意中破坏了合作。如果对方的行为不符合"敌对"行为，你就应该宽容。

第 8 章

休斯敦，我们遇到了麻烦
——项目经理作为危机经理

　　每位项目经理都想避免项目危机，但是它确实经常发生。虽然项目通常不会在一夜之间陷入困境，但在大多数时候，项目危机的预警信号都被忽视了（项目团队对项目危机毫无准备）。作为项目经理，你要面对成为危机经理的挑战。

　　"休斯敦，我们遇到了麻烦！"当这则消息于 1970 年 4 月 13 日到达休斯敦的控制中心时，太空史上最富戏剧性的事件开始了。阿波罗 13 号是美国阿波罗计划中的第三次载人登月任务。但是在太空船飞行途中，氧气罐爆炸了。对于宇航员来说，这是生死攸关的问题。只有借助好运和出色的能力，宇航员才能安全地返回地球。

　　该事例表明，即使精心计划的项目也可能意外地陷入危机，甚至有经验的项目经理也会陷入混乱。根据定义，项目的目标是向未知领域进军。人们通过项目寻找公司中尚不存在的解决方案。项目团队要踏入未知领域。当然，在实现目标的过程中会发生错误，或者出现人们无法预料的困难。

　　项目团队能够克服大多数的此类困难。有时问题能够得到立即解决，有时则要经过几次尝试。但是，情况也可能突然变得令人不堪重负，员工开始失去勇气。如果项目经理不对这种情况做出反应，会危及项目的成功。

应该怎么办呢？项目经理要成为危机经理，并明确承担所有的责任。在危机刚出现时，人们还不清楚哪些措施适合重新控制局势。因此，"承担责任"意味着启动建设性的危机管理流程。这包括两方面：清醒地分析情况；找到解决方案。同时，你要激励受挫团队团结一致向前看，并确保向每个人都伸出援手，将团队从泥泞中拉出来。

在没有解决方案的情况下，勇于承担责任是需要勇气的。毫无疑问，危机经理要主动采取行动。只有这样，其他员工才能勇敢地效仿榜样，为克服危机做出自己的贡献。

正确解读预警信号。在许多项目中，一切在一开始都按计划进行。没有人注意到最初的错误和疏忽。项目团队最初也没有认真关注以下事实：截止日期存在的风险、预算用尽、客户不满等。直到出现危机，所有参与人员才意识到，这些不仅仅是小问题。突然之间，整个项目似乎面临着巨大的风险。但是，若你正确解读了预警信号，则不必走到这一步。在许多情况下，可以有效避免危机。在第 8.1 节，你将了解如何及时识别即将发生的项目危机。

在风暴眼中。项目陷入危机，而且不可避免地要变更方向。作为项目经理，你正处在"风暴眼"中，需要迅速采取行动，以便立即与危机作斗争。同时，要分析情况并深入分析原因，以便日后以适合的措施重新启动项目。重新启动项目的目标仍然是成功地完成项目。在第 8.2 节，你将了解如何最佳地执行此操作。

正视危机。危机一旦发生，恐慌将迅速蔓延。没有人知道该怎么办。在这种情况下，项目经理要保持冷静。关于如何预防危机的辩论毫无用处。同样，指责也不会带来任何进展。更重要的是，要三思而后行，正确地把握局势，并掌握领导权。第 8.3 节将说明，作为项目经理，你应如何面对危机并做出正确反应。

沙漠、地狱或北极。技术问题、工期延误、成本激增等都是危机项目所面临的真正挑战。然而，同样麻烦的还有情绪方面：在危机期间，人们的心情会发生变化。恐惧和担忧主导了项目团队里的氛围，紧接着是失望和放弃，还有生气和愤怒。由负面情绪组成的"有毒混合物"会永久性地破坏团队的氛围，使转变不再可能。第 8.4 节将说明，你应如何正确评估自己的情绪状态，并处理"情绪转变"。

走出情绪低谷。在负面情绪中，持续存在的问题会给项目工作带来压力，你应尽快使团队走出情绪低谷。这是一项艰巨的工作，其内容包括解决结构性问题，以及识别和替换阻碍项目重启的员工。第 8.5 节可帮助你带领团队逐步走出情绪低谷。

让一切回到起点。项目中的巨大困难不应成为终止该项目的理由。但是，如果你继续恪守无法实现的截止日期，或者掩盖早已无法控制的成本，也不会取得任何进展。"继续努力"有时无济于事，并且只会增加问题。这种情况的结果是：回到最初！项目整改意味着将该项目视为一个新项目。在第 8.6 节，你将学习如何将项目时钟归零，以及如何以这种方式拯救项目。

死马的故事。有这样一句谚语："当你发现自己骑着死马时，请下马。"但是，在工作中，尤其在涉及项目时，这种智慧似乎还没有闪现。例如，一个项目不断延迟，成本不断攀升，期望的成果却没有交付。然而，客户仍在进行新的尝试，试图以某种方式将陷入困境的项目带到终点。第 8.7 节将说明，当一个项目真正失败时，你为何应及时终止它。

8.1 正确解读预警信号

——如何尽早识别项目危机

我们都熟悉危机项目，如柏林勃兰登堡机场的建设项目。事实上，很多大型项目都会陷入危机，其发生频率远远超出人们的想象。但是，这样的危机很少在一夜之间爆发。因此，项目经理只要能够在早期识别出危机

征兆并确定危机根源，就有机会轻松摆脱危机。

一家汽车公司将最先进的零配件仓库投入运营。起初，一切进展都很顺利。尽管项目团队不久就发现了仓库控制中的一些小错误，但没有人认真对待。

事实上，一场灾难正在逼近。仓库控制中的错误触发了连锁反应，最终使整个仓库陷入瘫痪。汽车修理厂徒劳地等待着配件。在某些情况下，汽车修理厂甚至不得不拆掉新车以获得急需的配件。更糟的是，媒体听到了此事的风声：仓库里塞满了配件，但一个也无法运出来。多精彩的故事啊！

该事例阐释了项目陷入危机的典型情况。最初，团队纠缠于一些不太重要的小问题，对于真正的问题却没有引起够的重视。然后，问题越来越多、越来越大，直到危机突然爆发。此时，团队可能已经不堪重负。这种发展趋势类似暗火：在很长一段时间里人们都未发现着火点，但是着火点不断扩散，会在突然间燃烧起来。

像暗火这样的项目危机往往在很长时间里都不会被人们发现。作为项目经理，留意预警信号是你的工作。这样，你才能在火焰升起之前扑灭大火。

■ 什么是项目危机

项目可以分为两类。第一类是"田野、森林和草地"项目，这些项目的执行没有太多值得一提的问题。不过，即使是这些较小的、相对简单的项目，有时也会遇到麻烦。这很烦人，也会花费很多钱，但对公司来说这并不是真正的灾难。

第二类是对公司非常重要的且涉及很多风险的大型项目。大型项目通常由经验丰富的项目经理来管理，它们被良好地组织并经过精心计划。困难仍然不可避免，毕竟，在执行重大项目时，项目团队经常要闯入未知领域。通常，项目经理知道如何指导项目团队经历暴风雨。然而，当飓风来袭时也可能对项目构成严重威胁。

◼ 如何识别危机

与即将来临的暴风雨一样，项目在出现危机前也有各种迹象。请特别留意以下预警信号。

- **期限问题**。流程和结果都滞后于进度计划，里程碑越来越难以实现。易测量和易控制的项目指标会失控。
- **目标变动**。关于项目目标的讨论越来越多。最初设定的目标被扩大，而资源和期限保持不变。为实现目标而确定的流程越来越不被遵循。
- **糟糕的气氛**。团队中的气氛更加紧张，合作受到影响，并且每个人都只关注自己的利益。团队内部、相关方之间或项目与生产线之间的冲突加剧。
- **动荡加剧**。重要的员工离开项目或被其他同事替换。新员工加入项目（以帮助团队克服困难）。项目团队的稳定性受到所有这些因素的影响。
- **压力增加**。外部压力增加导致控制和报告工作的开支也随之增加。管理层对项目失去了信心，并对基本面提出了越来越多的质疑。

◼ 危机的根源是什么

仅了解项目危机的预警信号和征兆是不够的。更重要的是，应在危机爆发前及时确定其根本原因。有时，根本原因可能是完全不同的。

- **无限的欣喜和乐观**。如果所有人一开始都很乐观，甚至是欣喜若狂的，那么高调的项目计划很有可能快速沦为一种幻想。
- **不充分的项目计划**。当压力增加时，相关人员倾向在项目计划中设定雄心勃勃的最后期限。从客观的角度来看，这是完全不现实的。
- **不清晰、不一致的项目目标**。如果未明确沟通项目的收益，则项目的目标会不断扩大，而资源和期限保持不变。

- **缺乏管理支持**。如果管理层始终"隐居避世"，那么在项目出现危机时存在缺乏决策和支持的风险。
- **对专业知识一知半解**。如果所有员工都进入了新领域，并且在缺乏专业知识的情况下开展工作，那么这是一个明确的预警信号。项目的成功将受到威胁！
- **项目团队与职能部门存在冲突**。如果项目团队与职能部门没有达成一致，则项目存在风险。一旦出现问题，双方就会互相"甩锅"。

生存技巧

◆ 明确你的估算依据并咨询专家，以便估算的工作量、成本和时间符合实际情况。

◆ 切记：如果没有制订可靠的项目计划，时间和预算都会激增，并且可能出现项目危机。

◆ 明确项目的目标，并确保所有员工都知道项目对企业的重要性。

◆ 从一开始就与客户约定明确的和具有约束力的规则，以便将来开展合作。尤其是在紧急情况下，你必须能够在客户的支持下采取行动。

◆ 在拥有一支具有专业知识和实战经验的专家团队前，请勿开始项目。

◆ 从项目一开始就与职能经理沟通，阐明项目有哪些目标，以及这些目标会在多大程度上与职能部门的目标发生冲突。

8.2 在风暴眼中

——如何使项目摆脱危机

项目经理通常没有太多使项目摆脱危机的经验。为了能够在风暴眼中"幸存"，应了解可遵循的行为方式。该过程可以分为四个部分：分析、计划、谈判和重启。

项目团队不敢相信自己的眼睛，在试运行期间，工厂几乎被炸毁了。几乎无法从原型机中保留任何东西。项目经理马库斯看着团队中一张张困惑的面孔：没有人知道下一步该怎么做。管理层当天就开会讨论情况。会议中的争吵很激烈。马库斯不得不接受严厉的批评。基于事实进行讨论似乎是不可能的。但最重要的是，没有人知道如何应对危机。

危机通常是发展的高潮和转折点。项目出了问题。作为项目经理，你再也无法用熟悉的思维模式和行为模式来应对已出现的情况。值得注意的是，在危机最严重的时候，一些项目经理会陷入"瘫痪"状态，另一些项目经理则因无头绪的忙碌而使项目陷入混乱。

项目危机需要管理行为。在时间紧迫的情况下，重新启动项目很重要。这包括与所有相关方就重要的决定和协议进行谈判。

分析——事实，只有事实

分析情况是项目变更的第一项任务。"我们到底处在什么阶段？"你正在向所有相关方提出这个问题。在与员工及相关方的代表进行一对一讨论时，你要阐明以前项目工作的重要领域。

当然，要从大量的埋怨和辩解中提炼出事实是一项艰巨的任务。但是，只有当我们把危机的真正原因摆在桌面上时，才能得出明确的结论，才有可能获得系统的解决方案并成功重启项目。

交付瓶颈或服务提供商的质量缺陷等外部原因很少会使项目陷入危机。危机的根源通常源于项目本身。例如，一些在项目的早期实施过程中的疏忽会引起不良结果。这种疏忽涉及定义不明确的目标、不充分的规划、无效的沟通或被忽略的风险。

重要提示：危机也可能源于战略或政治因素。例如，在选择替代解决方案时做出的错误战略决策，或者在变更项目中出现的政治阻力。与项目实施中的危机不同，战略或政治方面的危机无法在项目内解决，即无法通过重新启动项目来解决。

◢ 计划——让一切回到起点

应"重新"制订整个计划，并草拟新的项目计划。新的起始位置基于现状，它被定义为当前状况。这可以消除积压，因为积压总会带来危机，并对所有参与者产生心理上的严重影响。

对于项目危机，我们很少有现成的解决方案。通常，项目经理无法系统地制定出针对每个危机的解决方案。同时，时间一分一秒地流逝：拯救项目的时间是有限的。作为项目经理，你要承受评估分析、考虑选项及制定初始措施清单的压力。客户、员工、合作伙伴都希望迅速看到他们预期的、令人鼓舞的成果。

重要提示：请将重新启动的项目视为一个新项目！请确认，截至目前已发生的成本和已使用的资源都被剔除，并且不会对新项目产生影响。当然，你可以使用在之前项目中获得的部分成果——只要它们可用。另外，你应当明确追问部分成果的有效性。

◢ 谈判——与相关方进行交流

项目的变更通常需要额外的资源和更多的预算。可能的工作包括加强项目团队的管理、召集外部服务提供商、重新分配任务或减轻职能部门员工的负担。如果可以避免整个项目的中止，那么延长项目工期也是有意义的。

这一切都需要大量的对话和谈判。作为项目经理，你的任务是与客户讨论各种替代的解决方案，并重新协商项目的目标、范围、资源和进度。请向客户表明，支持变更非常重要，因为如果没有客户的承诺，彻底的变更就不可能实现。

重要提示：与所有相关方进行密切交流！只有这样，项目才能获得必要的支持，否则项目将无法进行重启。

▪ 重启——全力摆脱危机

现在，该项目可以重新启动了。首先，你应在项目团队中营造乐观的氛围。一个行之有效的方法是，与你的团队一起在安静的环境中开展为期两天的启动研讨会。团队实践和计划工作相结合，可提升团队的凝聚力。

其次，在启动研讨会上阐释项目目标，为员工提供指导并共同规划后续步骤。共同制定目标和计划可增强团队合作精神，并建立新的自信心，使团队走上摆脱危机之路。

重要提示：在重启项目时，关键岗位的人员应重新任命。与此相关的信号是，随着人员的更换，危机正在得到积极解决。此外，新员工可以更有效地完成任务，他们不必为自己辩解，并且为项目带来了活力。许多项目参与者将与关键人员的交流视为危机中的决定性转折点。

生存技巧

- ◆ 尽管有外部压力，你仍应花时间仔细分析。否则，项目的重启很有可能失败。
- ◆ 重新制订所有计划。新的起始位置应基于当前状态。从这个"起点"开始，你应草拟一个新的项目计划。
- ◆ 为项目定义明确的终止条件。这样，可以避免项目长时间没有得到变更。
- ◆ 重新协商项目的目标、范围、资源和进度。没有客户的承诺，项目几乎不可能实现彻底的变更。
- ◆ 尽管时间紧急，也要设置优先级，不要让忙碌打乱节奏。否则，团队的工作氛围会受到影响。

◆ 留意新的危机信号。积极与项目参与者进行对话，因为密切联系是成功化解危机的决定性因素之一。

8.3 正视危机

——承担扭转项目的责任

"保持冷静"是危机管理中的第一条戒律。此时，对如何避免危机进行辩论没有意义。指责或推卸责任更没有帮助。作为项目经理，你的任务是，抚平员工情绪并将讨论引向建设性发展的方向。只有这样才能实现转变。

弗兰克是一位经验丰富的开发工程师和项目经理。他清楚地了解项目计划，并希望其他人也能无条件地遵守。然而，他越来越感觉到，事情正在逐渐脱离他的控制。为了控制局势，他给员工施加了更大的压力："如果原型机在下周之前无法完成，我将让你们所有人都承担责任！"弗兰克的威胁使局势更加恶化。他没有接受该项目正处于危机之中，以及他应该与团队一起寻找解决方案的事实，而是施加了更大的压力。

当危机显而易见，并且对员工进一步施加压力也明显无济于事时，一些项目经理总想让自己先脱离危险区。然而，这会使项目最终陷入混乱，团队也随之崩溃。每个人都试图挽回自己的颜面。一些人声称，他们从一开始就提出了警告——该项目可能失败。另一些人则互相推卸责任，以转移人们的注意力。

在项目危机中，很容易出现恐慌情绪，项目团队濒临崩溃。作为项目经理和危机经理，你的工作是，通过勇敢的行动来扭转这种灾难性的势头。

保持镇静

即使很困难，项目经理也应保持镇静，并保持对项目的控制。"保持镇静"并不意味着否认或忽视局势的严重性。相反，这意味着项目经理应使局势稳定下来，减轻员工压力，并正确评估局势。

项目经理应鼓起勇气，在恐惧和不安中保持领导力。即使在尚不知道如何应对危机的情况下，也应如此。项目危机的本质在于，人们在最初不知道真正该做些什么。

避免归责

一旦渡过了最初的难关，项目参与者通常会大胆且积极地做出反应。归责、辩解和反驳开始增多。项目经理的任务是快速扭转这一势头。正如我之前提到的：讨论责任是消极的，无助于在短时间内化解危机，并会破坏团队的团结。同时，这也是项目成功的信念正在减弱或已经丧失的标志。

人们不介意寻找替罪羊，并愿意将它用作愤怒和沮丧的"避雷针"。同时，寻找替罪羊也是转移人们注意力的有效手段。但是，其附带的损害是巨大的。最终，人们将不愿意为挽救陷入危机的项目而工作。

引导合理的宣泄

只有在项目团队能够再次开始行动的情况下，才能重新启动项目。在大多数情况下，这首先需要引导人们进行合理的宣泄：项目危机一定会导致项目参与者承受巨大的压力。许多人在准备遵循新计划并重新开始之前，必须摆脱这种压力。

因此，请给项目参与者表达内心感受或合理宣泄的机会。一旦人们不再情绪化了，通常就可以开始进行建设性的讨论。现在，你要对人们完成的工作进行赞赏，以积极的方式强调目标，并设法赢得项目团队的支持。请记住，如果没有项目参与者的承诺，你几乎不可能扭转该项目并带领团队取得成功。

■ 正确把握局势

如果团队同意重新开始，那么你将面对的第一个问题是：我们到底处在什么阶段？回答这个问题通常并不容易。但是，对于危机管理来说，关键要将所有问题都摆在桌子上。现在，运用娴熟的技巧进行谈话是至关重要的，也就是说，在艰苦细致的工作中，有必要从辩解和争论中提炼出事实。

■ 制定即时措施

正如一种药物很难治疗不同的疾病一样，没有一种万能的方法能够使不同的危机项目重新启动。为了确定哪些措施是有效的，以及应在何时、如何采取哪些步骤，你需要敏锐的鉴别力和共情能力。

由于时间紧迫。客户、员工和合作伙伴都希望看到"快速胜利"。因此，项目经理的任务是，快速进行评估和分析，得出正确的结论，并制定初步的措施清单。尽管时间紧迫，你仍要确保正确设置了优先级。请不要让忙碌打乱节奏，以免影响团队的工作氛围。

■ 领导危机管理

引入即时措施有助于解决严重的项目危机。项目经理应带领员工行动起来，一同执行这些措施。新的项目计划有了资源，这使项目重新恢复控制成为可能。作为项目经理，你正在向团队及项目相关方发出信号，表明有实现新目标的现实机会。

生存技巧

◆ 项目经理要负责扭转项目。当危机爆发时，即使情况尚未澄清，也要先采取建设性的行动来应对危机。

◆ 保持镇静，减轻员工压力。即使你还不知道如何应对危机，也要保持领导力。

◆ 开诚布公。找出项目所处的阶段，以及出现的问题，明确项目危机是如何发生的。

◆ 在制定替代行动方案或解决方案时，一定要让员工一同参与。

◆ 在寻找项目危机的根源和解决方案时，确保项目各相关方之间不相互指责。

◆ 为解决项目危机做出自己的贡献。这样，你也为他人做出了榜样。

8.4　沙漠、地狱或北极

——如何应对"情绪转变"

处理情绪问题并非项目管理中的经典主题。然而，当项目陷入危机时，事情就变得清晰多了：项目团队的情绪状态可决定项目重启的成败。作为项目经理，你要正确评估项目团队的情绪状态并确保项目团队的行动能力。

马蒂亚斯在项目会议上看到的是一张张心灰意冷的面孔。自从项目明确进入紧急状态以来，信心和团队合作精神就消失了。项目团队如同瘫痪一般。既没有指责，也没有控诉。他的团队似乎对所有事情都无动于衷，他们似乎已经与世隔绝。马蒂亚斯明确表示："这样绝对是无法解决项目危机的。"

从情绪的角度来看，马蒂亚斯和他的团队正一起穿越一片沙漠。该项目看起来就像草木枯萎了一样，目标似乎无法实现，绝望情绪正在蔓延。在某些情况下，该项目会陷入"地狱"，因为糟糕的情绪在不断加剧。或者，该项目也可能出现相反的情况：团队内部不再合作，一切变得像北极一样严寒冷酷。

项目危机可能在很大程度上使员工产生负面情绪。项目经理的任务是正确评估项目团队的情绪状态，以实现"情绪转变"。

将情绪理解为预警信号

人们通常可以从项目团队的氛围中识别项目危机。人们可以观察到诸如担忧、恐惧、失望、绝望、生气、愤怒等情绪状态，它们会腐蚀项目的架构。管理者会向员工施加压力，并监控事态发展。项目参与者之间也相互猜忌。人们在沟通时的态度变得更加粗暴，对沮丧的容忍度降低，并开始寻找替罪羊。所有这些又进一步压抑了人们的情绪和动力。恶性循环开始形成。

识别当前的情绪状态

作为项目经理，你不但要快速识别团队中的负面情绪，而且要尽可能准确地把握团队的情绪。每种项目危机都有各自的特点，因此可能产生不同的影响。情绪状态包括以下五种基本模式。

- **沙漠**。项目参与者情绪低落，对项目已心灰意冷。其结果就是，该项目的进展十分缓慢。
- **地狱**。局势动荡，气氛紧张。冲突、攻击和愤怒的爆发都成为常态。
- **北极**。项目参与者之间不再沟通，保持冰冷的沉默。每个人都忙着自己的工作，回避其他人。
- **眼泪谷**。项目团队的情绪状态一直很糟糕。人们对项目的进展抱怨不已，都感到十分烦躁。
- **纸牌屋**。该项目已成为一个"政治问题"。项目参与者经常互相指责或推卸责任。

哪种情绪状态在特定情况下起主导作用取决于很多因素。除了之前的经历和项目所涉及的人员，企业文化或施加于项目的压力也起着重要作用。

先稳定局势

要先让局势稳定下来。作为项目经理，只有当你阻止了负面情绪蔓延时，团队才能获得信心并重新安排工作。只有这样，危机管理的措施才能生效。

重要提示：请在当前项目阶段释放团队的压力。项目的外部压力越大，释放压力的紧迫程度就越高。请站在前面保护你的团队，让团队可以安心工作。使团队远离从外部带入项目中的冲突，只有这样，局势才能稳定下来。

重建工作能力

如果项目危机像马蒂亚斯的案例那样，即项目团队丧失了行动能力，那么项目经理应有针对性地对此进行干预。请认真对待员工的感受，尝试打破负面情绪的恶性循环，并消除导致团队无法正常工作的情绪。

重要提示：将过去抛在脑后。"回到起点"是现在的座右铭。新的起始位置基于当前状态，从这里重新开始，制订新计划，并希望团队重新焕发活力。

提高团队的凝聚力

成功的项目工作需要一个成员愿意参与其中、在遇到困难时相互支持的团队。我们现在必须提高团队的凝聚力。重要的是，要团结好那些能帮你摆脱混乱局面、共同应对危机的敬业员工。另外，团队的组成可能已经更改，必须关注新员工。

具体来说，这意味着：你要带领团队共同设定目标，让团队参与决策，并将责任分摊到个人。

重要提示：说服相关方，使其支持项目的重启，并对重启持开放的态度。来自外部的支持能增强员工的信心。这大大提升了项目成功的概率。

生存技巧

◆ 先稳定局势。最重要的是，帮助团队建立信心，以便重新安排工作。

◆ 当团队合作陷入瘫痪时，重建团队的决策和行动能力。新的开始可以创造奇迹。

◆ 提升团队的凝聚力。否则，项目危机可能影响团队气氛，并阻碍项目的成功重启。

◆ 说服项目相关方以支持项目重启。这也从外部营造了积极的、向前看的氛围，可激励项目团队。

◆ 思考委托局外人重启项目的意义——由一个无拘无束、没有相关经历的人来管理该项目。

◆ 始终留意项目团队的情绪状态。这通常可以在早期阶段识别出迫在眉睫的项目危机，从而避免危机的爆发。

8.5 走出情绪低谷

——识别和消除负面情绪

几乎所有危机项目都会使人情绪低落。担忧、恐惧、失望、绝望、生气、愤怒——项目团队被各种负面情绪侵袭。项目经理的工作是，使团队尽快走出情绪低谷。

办公室的门猛然关上。"真是胡闹！"员工怒吼。年轻的项目经理塞尔维困惑地看着那位愤怒的员工。"这项技术仍然行不通。"员工抱怨道。太糟了，又一次失败了！项目团队长期以来一直在努力查找技术方面的隐患。计划的原型机很早就已安装好，但技术人员已有数周无法操控硬件了。交期的临近使塞尔维及其团队面临着巨大的压力。人们对缺陷硬件的沮丧和愤怒变得越来越明显。

交期虽已承诺，但该项目令人失望地被推迟，这使塞尔维及其团队陷入了真正的危机。项目团队面临越来越大的压力，情绪进一步低落的风险巨大。负面情绪越来越严重地影响着团队气氛。如果项目经理无法扭转团队的情绪，那么也不太可能扭转项目的局面。

> 项目危机引发的负面情绪可能迅速影响团队气氛。在这种情况下，项目经理应扮演"毒素处理者"的角色，检测并消除项目中的"有毒"情绪。

缓解负面情绪

每个项目都有让人抱怨的理由。然而，当越来越多的员工都带着负面情绪工作且团队气氛越来越差时，这给出了一个警告信号。员工的情绪越低落，他们越缺乏渡过关键项目阶段的勇气。

帮员工释放压力是一项有效的对策。项目经理应为员工创造汲取力量、减轻压力的空间。例如，定期共进早餐就是一种有效的方法，员工可以利用早餐时间安静地讨论自己所面临的问题。或者，你可以设置一个桌上足球活动点，员工在休息时可以在此发泄情绪。另外，边散步边进行的小型谈话也是很有效的。当然，也可以在天气晴朗时在户外召开会议。这些活动有别于日常的项目工作，使你可以更加放松地看待真实情况。

解决架构问题

情绪不好的原因可能多种多样。例如，试运行失败，或者即将到来的里程碑迫使你周末加班。由此产生的负面情绪通常可被相对轻松地消除。

当架构问题影响团队情绪时，问题就比较严重了。僵化的等级制度、泛滥的官僚主义、无意义的规定，或者像塞尔维的案例那样——基础设施的缺失，都会使员工感到自己在逆风而行。在沮丧或绝望的情绪危及项目进展前，作为项目经理，你应尽力弄清情况并采取补救措施。

当然，架构上的问题只能靠长期坚持才能解决。但是，在遇到好机会时也应主动采取行动。当项目面临危机（一个很好的机会）时，你将更容易要求高层管理人员负起责任，并就项目的进展商定自己的规则和标准。虽然这并不能解决公司的架构问题，但至少可为该项目提供一个新的框架，使其可以成功地推进。

使主管人员配合

试图阻挠该项目的主管人员可能是最致命的"情绪杀手"。阻挠项目的原因多种多样——无能、自利或政治阴谋。面对这些项目的反对者，项目团队感到无助："我们该怎么办？"鉴于局势已经很紧张了，这种负面情绪有进一步蔓延的风险。

作为项目经理，你的任务是与这些项目的反对者寻求对话，以使他们能够配合你的工作。向对方表明，你已经注意到他对项目和员工所施加的压力，并且你将不会容忍这种行为。如果有必要，你需要得到更高一级管理层的帮助，以便相关主管人员随时愿意与你对话。通常，这种直接的沟通方式会使对手让步并改变其行为。

替换有破坏性的人员

对于半杯水来说，在一些人看来，杯子是半满的，而在另一些人看来，杯子是半空的。长期不满的员工往往属于"半空"阵营。他们更加关注负面事件。当出现问题时，他们很快就会将责任归咎于他人，而不是自己。在项目危机中，这些牢骚鬼们的行为也会使团队气氛更加压抑。"阴晴不定"的员工能被同事们容忍一阵子，但人们的耐心是有限的。因此，请尽快与这些不满的员工进行一对一对话，并找出他们不断抱怨的原因。也许问题可以得到解决。如果不能，则应确定是否还要继续与其在该项目上进行合作。

■ 建立"可以做"的心态

最后，项目经理应建立一种乐观的心态，并鼓励员工积极向前看。"零点会议"被证明是有效方法。你可以将过去的事情抛在脑后，然后将项目带回原点，并对员工说："现在，我们设想该项目在此刻开始。"象征性的时间重置有助于团队摆脱负面情绪，使他们敢于无忧无虑地重新开始。

生存技巧

◆ 消除压力。为员工创造汲取力量、减轻压力的空间。

◆ 应持续关注员工的情绪。定期讨论如何在情绪低落的情况下为员工减压。

◆ 请记住，在危机情况下，你有更多的行动机会。因此，请使管理层担负起责任，尽可能地支持你。

◆ 当团队遇到架构问题时，请及时采取补救措施。另外，这也是获得特殊规则的好机会。

◆ 若员工的行为影响了团队气氛，要及时提醒他们，并要求他们对项目负责。

◆ 在零点会议中，象征性地将项目时间重置。要敢于与员工重新开始，并将过去的事情抛在脑后。

8.6 让一切回到起点

——项目重置的规则

项目中出现的巨大困难不应成为完全终止该项目的理由。只要项目的总体目标仍然是有意义的、有价值的，对项目进行重置就有可能是正确的决定。项目重置包括：对目标和方法进行审查，制定整改方案，然后重新启动项目。

沃尔夫冈精疲力竭地瘫在他的办公椅上。他刚从紧张的会议回来。他的团队为保险公司开发的新软件实际上早就可以使用了。然而，他的团队仍在为 400 多个漏洞伤脑筋。另外，软件与中央数据库的连接也没有实现。在会议中，项目经理已向指导委员会摊牌：他不得不承认，该软件的交付可能要再推迟几个月。这已不是该软件的第一次大规模延误了！

无论项目的规模大小，也无论在政治舞台上或在日常项目工作中，都可以反复看到相同的模式：严重的困难总会出现。事实上，情况本身是可以控制的，但许多项目经理反应笨拙，逐渐将局面搞砸。（例如，通过使用萨拉米香肠战术就可尝试将大事化小。）在此过程中，矛盾越积越多。随着项目危机的进展，事实逐渐显露出来，成功扭转项目的机会窗口正在关闭。

> 陷入困境的项目需要勇敢的行动。该项目的目标、计划、方法和人员配备都是可以争取的。作为项目经理，你的工作是掌握主导权，并重新启动项目。

现状分析

项目经理首先要决定该项目是否继续进行，这是"做"或"不做"的抉择。为此，客户和管理层需要翔实的信息作为参考。他们想知道：我们处在什么阶段？我们需要什么？

此时，项目经理面临诸多风险。他必须和他的团队一同分析现状，以获得必要的信息。同时，项目经理必须说服客户，掌握主导权，并且表明自己有能力带领团队摆脱危机。这不是自然而然的事。对于危机项目，客户和管理层都倾向认为，项目出现的危机应部分归咎于之前的项目管理，即管理项目的团队缺乏令人信服的危机管理能力。客户和管理层担心，项目经理及其团队可能更加关注自身，难以承认错误并正确评估情况。

◢ 公开表态

项目经理向管理层呈现现状分析的结果，毫无保留地公开项目的现状，这相当于公开表态。管理层虽已准备好应对坏消息，但仍有人可能为之震惊。项目经理必须接受这一点。唯一的决定性因素是翔实的信息，客户和管理层可在此基础上决定是否继续该项目。

产生的费用在该决策中也起着重要作用。在该项目上投入的资金越多，管理层越不愿意完全放弃该项目，并将迄今为止的成果都一笔勾销。

如果管理层和客户决定继续执行该项目，那么这意味着一切回到最初。盯着那些不再能够遵守的计划是没有意义的。对于项目的所有相关方来说，项目将从头开始。

◢ 重新开始

项目整改是一个独立的项目，包含组成一个项目的所有元素。项目经理要先取得项目整改的授权。与常见的项目一样，项目经理应与客户达成协议，并在协议中记录项目的内容、期限及具体计划。没有新的协议，就没有客户的明确承诺，也就几乎不可能实现项目整改。

管理层期望快速取得成果。因此，项目经理只有几天的时间可以与团队一起制订整改草案，并确定项目整改所需的行动。通常，该草案会演变为项目的基本计划。一旦客户批准该草案，就可以开始付诸实施。

◢ 消防员

无论项目陷入怎样的危机，也无论哪些意外事件导致危机蔓延或引发连锁反应，作为项目经理，你都要使项目重回正轨。

首先，你需要一支能在短时间内运作起来的强大团队。更换关键人物可能是最重要的措施之一，因为这表明你正在积极应对危机。值得一提的是，新员工不用为自己辩解，可以毫无负担地解决眼前的问题，并为项目带来生机。这通常也是扭转项目的决定性因素。

其次，团队需要积极的力量来应对即将到来的较量。因此，项目经理应向员工表明立场，提振员工信心并采取积极行动，从而让"消防员"安心地开展工作。尽量让你的员工免受外界的影响，使他们可以专注于解决项目危机。

■ 第二次机会

项目整改是项目经理证明自己的第二次机会。你要全力以赴进行专业的项目管理，毕竟该项目不能再次失败。如果危机管理成功，那么每名员工都将恢复信心，项目也将随之恢复正常运行。

生存技巧

- ◆ 发现自己真正的立场。在危机情况下，唯一有用的就是开诚布公。
- ◆ 让一切回归起点。将项目整改视为新的项目：明确整改委托，并制订新计划。
- ◆ 请记住，此时最重要的是进行专业的项目管理。你的项目一定不能再次失败。
- ◆ 对员工持开放态度，确保团队可以安心工作。
- ◆ 快速取得初步成功，这将增加团队的信心和动力。
- ◆ 对于危机管理来说，最重要的不在于完美地执行项目工作，而是要有使项目摆脱困境的意愿。

8.7　死马的故事

——为什么最好终止一些项目

古老的达科他印第安人谚语写道："当你发现自己骑着死马时，请下马。"死马的比喻说明了一种情况，即许多人倾向以某种方式逃避无法避免的现实。在危机项目中，这一点尤为明显：尽管马匹无法再继续"驮"着项目团队前行了，但他们仍坐在马鞍上。

一家企业以极大的热情投入新产品系列的开发。每个人都憧憬着完美的结果，没有人考虑可能的失败："失败？我们不会！"几个月后，雄心勃勃的开发工程师弗兰齐丝卡陷入了困境。现在，该项目已经吞噬了数百万资金——几乎没有理由相信，项目经理能用尽最后一点力量将项目带到终点线。其实，弗兰齐丝卡清楚地知道，该项目已无法挽救。

其实，每个人都明白：折腾死马毫无意义。但实际上，很多人正是这样做的。即使继续某个项目毫无意义，人们也会一直坚持到最后。这样做的原因是：人们难以放下自己付出很多心血的东西。因此，团队不想放弃，客户也希望他们的钱能发挥一些作用。

合理规划的项目具有明确的目标和收益。如果没有实现预期收益，尽管已经花费了大量资金，也应认真考虑终止该项目。

◾ 没有人愿意承认

弗兰齐丝卡的开发团队继续尝试研发新产品系列。但是问题在不断增加，计划的生产日期也迫在眉睫。最终，项目经理别无选择，在向管理层汇报时，她必须承认自己没有达到项目目标。实际上，每个人现在都清楚，不会有新的产品系列。但是人们不想承认这一事实。管理层坚持要继续进行该项目，他们认为："我们已经为该项目投入了很多精力。现在必须看到一些成果！"

▰ 项目继续，不论付出什么代价

项目继续，无论付出什么代价。在这种情况下，你会经常听到："我们已经投入了 5 000 个工时，不能现在终止该项目。否则，一切都会白付出了。"或"该项目已经花费了 200 万欧元，我们现在必须完成它。"

在弗兰齐丝卡的案例中，管理层也让整个研发部门继续往前走，尽管现实正如项目经理在汇报中说明的那样，该项目已无法挽救。这实际上是一个悖论：按照管理层的意愿，项目团队应骑上一匹死马，在上面坐几个月，以期让这匹死马再次站起来并开始奔跑。

▰ 缺乏终止项目的勇气

终止项目即承认出了错。但是，人们常常缺乏这样做的勇气。项目失败虽能使人们获得相关的经验，但也会对公司形象造成巨大损害。项目经理、项目团队和整个组织都是不光彩的。因此，项目团队仍试图逃避不可避免的事情。他们没有下马，而是制定避免项目中断的方法和策略。在这种情况下，终止项目的选择是不常见的，即使有时这么做很有意义。

▰ 项目终止的标准

当谈及项目终止的问题时，项目团队会不由自主地回顾过去——付出的成本和大量的时间。然而，关键问题应是展望未来。

- 继续为该项目投资是否值得，是否只会产生额外的赤字？
- 是否仍有可能实现目标？或者，我们只是在延迟项目的终止，同时带来额外的成本？

原则上，项目终止的标准很容易确定。每个项目都有相应的目标，这些目标同时也是可能的项目终止标准。若可预见到项目的目标将无法达成，则项目经理应大声地喊"停"。例如，当到达某个里程碑时，大部分预算已经用完。

需要注意的是，在大型项目中，通常没有人确切地知道各个子项目的进程，以及已经取得或尚未取得的成果。因此，没有人清楚项目所处的确切阶段，以及终止标准的满足程度。

▪ 定义清晰的退出点

为了能够在正确的时间决定项目的终止，你需要一套自己的工具。在项目开始时定义一个项目终止标准的清单，以便随时检查该项目的状态。

根据这些标准，可在每个项目阶段后评估该项目是否可以继续。它决定了项目是否满足各里程碑和质量关口的条件——是否满足时间和质量标准。可通过"交通信号灯系统"将决策状态可视化。若信号灯为绿色，则该项目可通过里程碑和质量关口，该项目进入下一阶段，并为此获得必要的资源。若信号灯为红色，则必须讨论该项目是否继续。

当然，即使有专业的方法，也不会使项目终止成为一件快乐的事。但这减少了损失。对于项目参与者来说，该过程是可以接受的，这虽不能消除他们在项目终止时的失望和沮丧，但可以起到缓解作用。

生存技巧

- ◆ 记住这句谚语："当你发现自己骑着死马，请下马。"或者，至少找到舒适的马鞍——这可能是一段漫长而又不舒适的旅程。

- ◆ 汇报继续执行项目可能产生的后果。如果存在损失的征兆，那么管理层会听取你的意见。

- ◆ 使用质量关口。根据给定的标准，快速确定项目是否可以并且应该继续。

◆ 确定项目在各里程碑分别实现了哪些收益。如果没有实现预期收益，
则应考虑终止项目。

◆ 敢于承认错误。要能从错误中吸取教训，但重复犯同样的错误就不
可取了。

◆ 当决定终止项目时，不要只是让项目休眠，请正式关闭项目。